Wolfgang Metz / Br. Thomas Freidel
Mit Franziskus und Klara Assisi erleben

Wolfgang Metz
Br. Thomas Freidel

# Mit **Franziskus** und **Klara** Assisi erleben

## SPIRITUELLE STREIFZÜGE DURCH DIE STADT

Tyrolia-Verlag • Innsbruck-Wien

# Inhalt

# Prolog

Jeder Mensch kommt anders nach Assisi.

Die einen waren noch nie hier und machen sich zum ersten Mal mit Franziskus und Klara auf den Weg. Die anderen kommen immer wieder, weil sie vielleicht über die Jahre hinweg schon gute Freunde und Freundinnen von Franziskus und Klara geworden sind. Wieder andere waren vor einer gefühlten Ewigkeit auf der Durchreise mal für einen Tag in Assisi und haben nur noch die Kulisse der Basilika *San Francesco* im Kopf und das viele Auf und Ab in den Gassen von Assisi in den Beinen. Manche kommen mit einer Gruppe, manche alleine.

Dann gibt es die, die für zwei oder drei Tage hier sind und „das Wichtigste" sehen und hören wollen. Und die, die sich eine ganze Woche oder noch mehr Zeit hier schenken, um auch die kleinen Geschichten zwischen den Zeilen zu hören und ihrem eigenen Leben und Glauben in all dem auch noch ein wenig Raum zu geben.

Blick auf Assisi

Dieses Buch versucht, ganz unterschiedlichen Assisireisenden etwas zu erzählen und sie ein Stück mit Franziskus und Klara durch die Tage gehen zu lassen.

Egal, wie lange oder wie kurz Sie in Assisi sein werden: Nehmen Sie sich nicht zu viel vor. Die Orte selbst möchten Ihnen etwas erzählen und nicht einfach nur schnell gesehen werden. Die Stadt Assisi mit ihrer Geschichte und ihren Geschichten braucht ein wenig Zeit und Raum, um ihre Besucher und Besucherinnen „wachzuküssen".

Wir, Bruder Thomas Freidel OFM Conv. und Wolfgang Metz, dürfen ein Stück mit Ihnen auf dem Weg sein und Sie zu einer dreifachen Begegnung einladen: mit Franziskus und Klara, mit dem Evangelium und mit sich selbst. Wir wünschen Ihnen, dass Sie nach Ihren Tagen in Assisi von diesem wunderbaren Ort und seiner Geschichte, seinen Plätzen und Bildern inspiriert und mit vollem Herzen und vielen offenen Gedanken wieder in Richtung Heimat aufbrechen.

## Anreise und Unterkunft

Eine Reise, auch eine nach Assisi, beginnt nicht mit der Fahrt dorthin, sondern bereits mit ihrer Planung. Natürlich kann man Assisi mit dem Auto erreichen, aber im Zuge des Umweltschutzes sei hier darauf hingewiesen, dass Assisi sehr gut mit dem Zug von *Florenz* (ca. 2 Stunden) und *Perugia* (ca. 30 Minuten) zu erreichen ist. Mit der Bahn kommt man unten im Tal – nahe der Kirche *Maria degli Angeli*, in der sich die *Portiuncula*-Kapelle befindet – am Bahnhof von Assisi an. Von dort aus kann man entweder mit dem Bus in die Stadt fahren oder eine halbe Stunde nach Assisi hinaufgehen.

In Assisi gibt es eine große Auswahl an Unterkünften – vom Campingplatz bis zum Hotel. Wir haben ein paar Vorschläge für Gruppen oder Einzelpersonen zusammengesucht. Sie finden sie im hinteren Teil des Buches (S. 176).

## ÜBER DIESES BUCH

Die Kapitel 2 und 3 führen an Franziskus' und Klaras Leben entlang. Jedes Kapitel ist in Abschnitte unterteilt. Sie finden eine Unterteilung in **„Geschichte und Geschichten"** und **„Zum Nachdenken und Beten"**. Ersteres möchte Ihnen den Ort in Assisi, an dem Sie gerade sind, und den jeweiligen Lebensabschnitt von Franziskus bzw. Klara nahebringen. Zweiteres versucht durch Fragen, Texte und Methoden die damaligen Ereignisse in Assisi mit Ihrem Leben, mit Ihrer Erfahrung, mit Ihrem Glauben und Hoffen in Berührung zu bringen, um die Möglichkeit für Vertiefung, Inspiration und Resonanz zu schaffen. Die Impulse sind in der Regel so angelegt, dass man sie als Einzelperson bedenken und „bebeten" kann. Sie finden auch öfter den Hinweis, das Erkannte und Erfahrene in Worte zu fassen, indem Sie es aufschreiben – vor allem, wenn Sie alleine unterwegs sind. Wenn Sie zu zweit oder mit einer Gruppe unterwegs sind, können Sie auch darüber ins Gespräch kommen.

Viele Menschen reisen in der Gruppe nach Assisi

Manche der Methoden können öfters genutzt werden: die Bibelbetrachtung (S. 68), die Kirchenraumpädagogik (S. 135) und die Bildbetrachtung in (S. 152).

In den Kapiteln 4–6 finden Sie weitere Orte und Bilder, die Ihre Wege in und um Assisi ergänzen und bereichern können.

Das Buch enthält auch freie Seiten – für Ihre Gedanken. Manchmal kann es hilfreich sein, um die eigenen Gefühle, um das Erfahrene und das Erkannte zu ringen und es in Worte zu bringen.

## Mögliche Routen

Jeder Mensch hat seinen eigenen Rhythmus, deshalb ist es schwer, ein genaues Raster vorzugeben, was in welcher Zeit und in wievielen Tagen zu machen ist.

Prinzipiell sind aber drei bis vier Beschreibungen aus dem Leben von Franziskus bzw. Klara an einem Tag gut machbar. Allerdings können Sie sich, wenn Sie sich mehr Zeit nehmen wollen, auch „nur" zwei Kapiteln pro Tag zuwenden.

Darüber hinaus ist auch darauf zu achten, dass für „Außenorte" wie *Rivotorto* (evtl. mit Magdalenenkapelle), *Portiuncula* oder *San Paolo delle Abadesse* schon mit einem halben Tag zu rechnen ist, für die *Carceri* fast mit einem ganzen Tag (zumindest, wenn man zu Fuß hinaufgeht) und für *Greccio* oder *La Verna* aufgrund der Entfernung auf jeden Fall mit einem ganzen Tag.

Sie finden immer wieder Hinweise im Buch, wo es sich anbieten würde, ein Kapitel „außerorts" einzuschieben. Zusätzlich finden Sie an vielen Stellen Querverweise zu Ortsbeschreibungen in anderen Kapiteln. So ergibt es sich, dass einige Orte aus den Kapiteln 4–6 sich organisch in den Ablauf einfügen oder einfach separat besucht werden können.

Folgen Sie dabei einfach Ihrem Wissen, Ihrer Neugierde und Ihrer Sehnsucht. Es soll auch Teil dieses Weges sein, die eigene Sensibilität auf das Gehörte, die Mitmenschen, auf Gott, aber eben auch auf sich selbst hin zu schärfen.

Tourenvorschläge bei unterschiedlicher Aufenthaltsdauer können Sie auf S. 176–178 nachschlagen.

Informationen zu den beschriebenen Orten und Kirchen (Adressen, Öffnungszeiten, Kontakt) finden Sie auf S. 178–180.

## TAGESAUSBLICK UND TAGESRÜCKBLICK

Nicht nur die Struktur der ganzen Reise ist wichtig. Auch die jedes einzelnen Tages: Es ist wichtig, nicht in den Tag hineinzustolpern und genauso wenig heraus; in den Blick zu nehmen, was kommt und was war, wie ich da bin und war, wie Gott da ist und war, wieviel mir geschenkt wird und wurde; sich zu vergewissern, nicht allein zu sein, sondern ein Gegenüber zu haben, jemanden, der mitgeht, mitstaunt, mitleidet, Mit-Mensch und Mit-Gott ist.

Deswegen finden Sie im Folgenden Anregungen, wie die Tage begonnen und beendet werden können.

## Tagesausblick

Am Morgen,
wenn die Sonne aufgeht,
müsste jeder Mensch Gott loben, der sie erschaffen hat […];
weil durch sie unsere Augen am Tage erleuchtet werden.
Am Abend,
wenn es Nacht wird,
müsste jeder Mensch Gott loben für Bruder Feuer
durch den unsere Augen
in der Nacht erleuchtet werden.

Wir allen sind nämlich fast wie Blinde,
aber der Herr erleuchtet durch diese unsere beiden Brüder
unsere Augen.
Und deshalb müssen wir im Besonderen für diese
und die anderen Geschöpfe,
deren wir uns täglich bedienen,
den Schöpfer selbst loben.

*Franziskus (SP 119)*

Der Klarinettist Giora Feidman sagte einmal, dass Musik nicht mit dem ersten Ton beginnt, sondern mit der Stille davor. Angelehnt daran könnte man auch sagen: Der Tag beginnt nicht mit dem ersten Wort, dem ersten Schritt aus der Tür, dem ersten Ziel, das heute besichtigt und erfahren wird, sondern mit der Stille davor.

Es ist hilfreich, am Morgen nicht alles einfach gleich auf sich einprasseln zu lassen, sondern einen Moment innezuhalten, den gestrigen Gedanken, dem nächtlichen Traum, den morgendlichen Geräuschen und Gefühlen ein klein wenig Raum zu geben und Gott in all dem die Chance zu lassen, dass er einen Spalt breit durch die morgendliche Tür schaut und Ihnen sein „Guten Morgen, schön, dass du da bist" zart zuflüstern kann.

Nehmen Sie sich dafür ein wenig Zeit an einem Ort, an dem Sie ruhig und gut sitzen können. Vielleicht gibt es in dem Haus, in dem Sie wohnen, eine Kapelle, es kann auch ein Augenblick auf einer ruhigen Bank vor dem Haus oder einfach auf der Bettkante sein.

**Impuls**

*Gehen Sie an den Ort, an dem Sie ein paar Minuten für sich und vor Gott sein können. Stellen Sie sich kurz vor, dass Gott wie das erste Licht des Tages einfach einfällt und da ist. Vielleicht in der Tür steht. Stellen Sie sich vor, wie er Sie anblickt.*

*Beginnen Sie mit dem Kreuzzeichen, einer Verneigung oder mit einem Lied. Lassen Sie einen Moment einfach Stille, bedanken Sie sich innerlich für die Nacht und beten Sie (leise oder laut):*

Guter Gott,
an diesem Morgen suche ich Dich,
Deine Nähe, Deine Zuwendung.
Setz Dich jetzt zu mir und bleib bei mir.
Im Denken, Sehnen und Begegnen.
Amen.

*Blicken Sie in der Stille auf den anstehenden Tag.*

Welche Ziele habe ich heute? Werden es neue Orte und Geschichten sein, die es zu entdecken gilt? Möchten ich Liebgewonnenes nochmals und neu sehen und hören? Mit wem werde ich heute unterwegs sein, wen werde ich vielleicht treffen? Auf was freue ich mich heute besonders?

*Beten Sie das Vaterunser.*

Herr,
begleite mich heute in elterlicher Zuneigung,
kindlicher Neugierde
und geisterfüllter Inspiration.
Begleite diesen Tag
und alles, was darin noch verborgen liegt,
mit Deinem Segen.
Im Namen des Vaters, des Sohnes und des Heiligen Geistes.
Amen.

*Enden Sie mit einem Kreuzzeichen oder einer Verneigung oder einem Lied.*

# PLATZ FÜR NOTIZEN

## Tagesrückblick

Giora Feidmann sagte weiter, dass die Musik nicht mit dem letzten Ton endet, sondern mit der Stille danach. Vielleicht ist es mit dem Tag genauso …

Jeden Abend ist es lohnenswert, nochmals auf den Tag zurückzublicken. Auf das, was war und wie es war. Auf die Orte, Begegnungen, Gefühle dieser vergangenen Stunden. Oft haben wir von einem Tag das sehr präsent, was uns geärgert hat, was nicht geklappt hat, oder die Menschen, mit denen wir unstimmig waren. Das Problem dabei ist, dass wir das Gute, das wir erlebt und geschenkt bekommen haben, das uns einfach zugefallen ist, oft einfach vergessen. Der frühere Spiritual aus dem Priesterseminar in Rottenburg hat immer wieder so schön gesagt: „Stellen Sie sich vor, Ihnen ist heute etwas Gutes widerfahren und Sie haben es gar nicht gemerkt."

Nehmen Sie sich, wie schon morgens, ein wenig Zeit an einem ruhigen Ort.

**Impuls**

*Gehen Sie an diesen Ort, an dem Sie ein paar Minuten für sich und vor Gott sein können. Stellen Sie sich kurz vor, wie Gott Sie jetzt anblickt, Ihnen gegenübersteht oder neben Ihnen sitzt. Sie sind nicht allein und beginnen mit dem Kreuzzeichen oder einer Verneigung oder einem Lied. Lassen Sie einen Moment einfach Stille. Beten Sie anschließend (leise oder laut):*

Guter Gott,
am Abend dieses Tages suche ich Deine Nähe.
Du begleitest mich. Immer wieder. Immer neu.
Darauf hoffe ich und daraus gehe und lebe ich.
Ich möchte mit Dir zusammen auf meinen Tag zurückblicken
mit allem, was war.
Amen.

*Blicken Sie auf den Tag zurück und lassen Sie ihn noch einmal vor Ihrem inneren Auge vorbeiziehen. Es geht weder um Vollständigkeit noch um Bewertung, sondern einfach um das, was war und jetzt noch da ist. Achten Sie dabei auf Ihre Gefühle.*

Wo war ich überall? Wen habe ich getroffen? Was hat mich bewegt und fasziniert? Welche kleinen Begebenheiten sind passiert?

*Übergeben Sie den Tag in Gottes Hand. Erzählen Sie Gott von Ihrem Tag, so, wie Sie es einem Freund erzählen. Sie können dabei bitten, danken, fragen, klagen oder ihm gegenüber einfach still sein. Damit das Gute, das Sie vielleicht „fast nicht gemerkt haben", auch bleibt und nicht nur vorbeizieht, können Sie anschließend die goldenen Augenblicke Ihres Tages, die Begegnungen und Geschenke einem Menschen erzählen oder notieren.*
*Dann beschließen Sie den Tag mit einem Gebet.*

Guter Gott,
der Tag ist fast vorbei.
Danke dafür.
Schenke mir Geduld in allem, was heute offen geblieben ist.
Halte mich in meinem Vertrauen auf Dich.
Behüte mich, wenn ich schlafe,
damit ich morgen wieder Wege gehen kann
und von Dir wieder alles neu erhoffen werde.
Amen.

*Enden Sie mit einem Kreuzzeichen oder mit einer Verneigung oder einem Lied.*

# PLATZ FÜR NOTIZEN

# 1. Ausblick und Weitblick von der Rocca Maggiore

Es ist unverkennbar: Assisi liegt am Hang. Und auch wenn diese wunderbare geschichtsträchtige und geschichtenreiche Stadt nicht sehr groß ist, kann das Auf und Ab in den Gassen manche Pilger und Pilgerinnen doch verwirren. Deshalb wollen wir uns einen Überblick verschaffen und am höchsten Punkt beginnen: Auf der *Rocca Maggiore*, die über der Stadt thront. Wir wollen einen Überblick gewinnen über das, was vor uns liegt, äußerlich wie innerlich, und auch gleichzeitig schon einen ersten Blick in die Vergangenheit wagen.

**Impuls**

*Nehmen Sie sich 20 bis 30 Minuten Zeit, um aus dem Stadtzentrum hinaufzugehen, und tragen Sie Ihre erste Frage mit hinauf:*
Was erhoffe ich mir von den kommenden Tagen?

## GESCHICHTE UND GESCHICHTEN

### Aufstrebendes Bürgertum

Die heutige Burg bzw. das, was wir noch von ihr sehen, ist nicht die ursprüngliche Anlage. Die ersten historischen Hinweise des Vorgängerbaus stammen aus der Zeit rund 50 Jahre vor der Geburt von Franziskus und es scheint auch nicht der erste Bau gewesen zu sein, sondern er soll auf etruskischen Ruinen erbaut worden sein.

In den Jahren 1173–1174 erhielt Christian, Erzbischof von Mainz, von niemand Geringerem als Kaiser Friedrich Barbarossa den Auftrag, Assisi zu besetzen. Dies ist der erste datierbare Nachweis dieser Burg bzw. des Vorgängerbaus, denn 25 Jahre später, im Jahr 1198, wird die Stauferfeste bei einem Aufstand der Bürger von Assisi völlig zerstört: Weder irgendwelche Kaiser noch irgendwelche Päpste sollen zukünftig über die Bürger von Assisi thronen und herrschen. Die Steine der Burg wurden abgetragen und zur neuen Stadtmauer und zu (heute inneren) Stadttoren, wie z. B.

Die *Rocca Maggiore* thront über der Stadt

am *Corso Mazzini*, verbaut. Die *Rocca Maggiore*, wie wir sie heute vor uns sehen, wurde im 14. Jahrhundert errichtet und hat spätere Kriege und Jahrhunderte überstanden. Wenn man auf die *Rocca* und auf das 12. Jahrhundert blickt, erkennt man schon nach diesen wenigen Zeilen ein aufstrebendes Bürgertum, eine gesellschaftliche Atmosphäre mit der Gesinnung, nicht alles einfach hinzunehmen, wie es ist. Hier zeigt sich ein Stück Geschichte Italiens, Europas mit Konflikten und Umwälzungen, die auch die Zeit, das Leben und die Entscheidungen von Franziskus und Klara beeinflusst haben.

## ZUM NACHDENKEN UND BETEN

### Die eigene Geschichte

Niemand kommt als leeres Blatt zur Welt. Wir sind geprägt durch unsere Zeit, unsere Kultur, unsere Herkunft, durch die Menschen, die wir Familie und Freunde nennen, durch unseren Glauben, der nicht vom Himmel fiel, sondern vermittelt wurde. Wir haben eine Geschichte, die von Veränderungen erzählt, von Narben, von

Hoffnungen. Die Räume, Wände und das Burgtor unseres Lebens erzählen von dem, was wir erlebt haben, erzählen von Liebe, Schmerz, Vergangenem, Verlorenem und Gefundenem.

**Impuls**

*Schließen Sie kurz die Augen. Spüren Sie die Sonne, die Ihre Haut erwärmt, und den Wind, der um Ihre Nase pfeift, hören Sie die Geräusche, vielleicht Vogelgezwitscher, vielleicht auch ihren eigenen Herzschlag.*

Was ist meine Geschichte? Was hat mich geprägt und vernarbt? Was sind die Stationen meines Lebens? Wo gibt es Knotenpunkte, prägende Menschen, Veränderungen, Abrisse und Wiederaufbau?

*Nehmen Sie sich ein paar Minuten Zeit dafür.*

*Wenn Sie je ein Ereignis, einen Ort und einen Menschen benennen müssten, welche wären diese?*

Ereignis . . . . . . . . . . . . . . . . . . . . . . . . . . . . . . . .

Ort . . . . . . . . . . . . . . . . . . . . . . . . . . . . . . . . . . .

Person . . . . . . . . . . . . . . . . . . . . . . . . . . . . . . . . .

Assisi, von der *Rocca* aus betrachtet

## Assisi

Und jetzt, nachdem wir hinter uns und in uns geschaut haben, ist es Zeit, nach vorne zu blicken. Vor uns liegt Assisi. Geprägt von hohen Kirchtürmen und kleinen Gassen, Souvenirläden, Hotels und Restaurants. Letzteres war natürlich nicht immer so (Ersteres natürlich auch nicht).

Die Gründung der Stadt ist nicht datierbar, aber wie in der Geschichte der *Rocca* schon angeklungen, gab es wohl an dieser Stelle schon eine etruskische Siedlung. Was wir wissen, ist, dass Assisi (damals *Assisium*) von den Römern 295 v. Christus zum *Municipium* gemacht wurde, womit Rechte (z. B. Marktrecht) und Pflichten (z. B. Soldaten bereitzustellen) einhergingen. Noch heute gibt es steinerne Zeugen aus dieser Zeit, z. B. den Minervatempel an der *Piazza del Comune* oder die Reste des Amphitheaters im Nordosten der Stadt.

Im 3. Jahrhundert soll Assisi den christlichen Glauben durch den heiligen Rufinus bekommen haben. Er soll der erste Bischof der Stadt gewesen sein und seine Gebeine sollen in der Kirche *San Rufino* ruhen. Mit dem Untergang des Römischen Reiches kamen bewegte Jahrhunderte auf Assisi zu, die mit Zerstörung und Eroberungen einhergingen.

## Assisi zur Zeit von Klara und Franziskus

Handel und Handwerk bringen Assisi im 11. und 12. Jahrhundert eine wirtschaftliche Blüte. Es ist keine bedeutende Stadt, aber eine aufstrebende.

Bürgertum und Kaufleute haben plötzlich die Möglichkeit, durch Handel und Geld gesellschaftlich Einfluss zu gewinnen. Adel und Kirche sind noch stark, aber nicht alles scheint so in Stein gemeißelt, wie es früher war. Doch manches bleibt bis zum heutigen Tag immer gleich: Die einen haben Angst, Macht einzubüßen, und die anderen Hoffnungen, welche zu bekommen. Die einen möchten den Erhalt, die anderen hoffen auf Veränderung.

Auch örtlich ist dies auszumachen. Assisi gliedert sich im 12. Jahrhundert in eine bürgerliche Unterstadt und eine adelige Oberstadt. In dieser Zeit ist Assisi eine freie Kommune und orientiert sich politisch mehr am Kaiser. Ganz im Gegensatz zur Nachbarstadt *Perugia*, die politisch dem Papst nähersteht. Es ist die Zeit

Enge Gassen gehören zum mittelalterlichen Stadtbild

des ausgehenden Investiturstreits. Kurz gesagt: der Frage, ob der Papst über dem Kaiser oder der Kaiser über dem Papst steht.

Und mit all dem ist die Geschichte von Franziskus, Sohn eines Kaufmanns, und Klara, Tochter eines Adelsgeschlechts, verwoben. Doch dazu später mehr.

Blicken Sie auf diese Stadt vor Ihnen. Natürlich hat sich einiges seit dieser Zeit verändert. Ganz rechts unten gibt es im 12. Jahrhundert noch nichts an der Stelle, an der sich heute mächtig die Basilika *San Francesco* erhebt, auch die Kirche *Santa Chiara* links unten steht noch nicht und auch die Kirche weit vorne im Tal – *Santa Maria degli Angeli* – ist noch lange nicht angedacht. Assisi ist eine typisch mittelalterliche umbrische Kleinstadt mit engen Gassen, wie wir sie heute noch sehen. Auch einige Kirchen und Gebäude, wie z. B. der Tempel der Minerva am Marktplatz (äußerlich zumindest) oder *San Rufino,* haben die Zeit überdauert. Zusätzlich können wir uns noch ein paar höhere Wohntürme des Adels in das Stadtbild denken. In einem davon ist Klara aufgewachsen.

Aber wir dürfen uns auch keinem romantischen Bild eines hübschen mittelalterlich-umbrischen Städtchens hingeben. Die Straßen und Gassen sind voller Dreck, Unrat und Exkremente. Es ist laut. Tagsüber tönen und dröhnen Handels- und Hochzeitsbekanntmachungen neben den Glockenschlägen zu Stundengebet, Gottesdiensten und Ratsversammlungen durch die Gassen. Und nachts wird nicht nur gefeiert. Auch Diebe treiben ihr Unwesen. Deswegen werden die Stadttore vieler mittelalterlicher Städte nachts geschlossen und Nachtwächter wachen darüber.

Es ist kein Ort, der verklärt werden möchte. Es ist ein Ort, wo der Alltag und das Leben sich abspielen.

Hier werden Sie die nächsten Tage verbringen.

Das berühmte Franziskus-Bildnis des Künstlers Cimabue befindet sich in der Basilika *San Francesco* (S. 145)

# 2. Das Leben des heiligen Franziskus

## Herkunft und Prägung

*Vor der Chiesa Nuova*

### GESCHICHTE UND GESCHICHTEN

#### Die Eltern des Heiligen

Machen wir uns zu Beginn auf und besuchen wir die Eltern von Franziskus und damit seine Herkunft und Prägung. Begeben wir uns also auf den Platz vor der Kirche *Chiesa Nuova*, denn dort treten sie uns lebensgroß und lebensnah entgegen. In der Nähe soll das Elternhaus von Franziskus gestanden haben. Es ist schon angeklungen: Das 12. Jahrhundert ist eine bewegte Zeit für Assisi und seine Bewohnerschaft. Assisi steht unter kaiserlicher Herrschaft. Und genau da mitten hinein wird 1181 oder 1182 der kleine Franziskus als Sohn des aufstrebenden Tuchhändlers Pietro di Bernadone und seiner Frau Giovanna in Assisi geboren. Er wird nach seiner Mutter benannt: Giovanni (Johannes). Der Vater war zu dieser Zeit auf Geschäftsreise in Frankreich und gab nach seiner Rückkehr dem Kleinen den Rufnamen „Französlein", also „Francesco".

Wenige Schritte von hier, in der Kirche *San Rufino*, wird er getauft. Das Taufbecken von damals, an dem auch Klara getauft wird, ist dort immer noch zu sehen. In der Hospitalschule von *San Giorgio* (diese Kirche stand an der Stelle, wo wir heute die Kirche *Santa Chiara* finden) geht er zur Schule und lernt schreiben, lesen und rechnen und ein wenig von der damaligen Welt- und Kirchensprache Latein. Das hört sich heute so selbstverständlich an und war es damals doch überhaupt nicht. Nur einige privilegierte Bürgersöhne lernen dies. Sicherlich sind es nur Grundlagen, aber auch hier zeigt sich die Prägung und die Ausrichtung vom Leben des Franziskus. Er soll einmal das Geschäft seines Vaters über-

Giovanna und Pietro di Bernadone

nehmen und als zukünftiger Kaufmann will Pietro seinem Sohn sicherlich durch diese Grundbildung die Welt der Zahlen, des Handels und der Kommunikation über die eigenen Landesgrenzen hinaus ermöglichen.

## ZUM NACHDENKEN UND BETEN

### Prägungen

Blicken wir auf die beiden Eltern: Pietro und Giovanna.

Der Vater ist einer der führenden Kaufleute der Stadt. Er ist durch den Tuchhandel wohlhabend geworden, deswegen trägt er diese Tücher auch als Attribut mit sich. Er blickt uns nicht an. Er schaut an uns vorbei. Vielleicht in die Weite, in die Zukunft. Er steht für Veränderung und Tradition gleichermaßen. Veränderung, weil er nicht zum Adel gehört, aber zum aufstrebenden Bürgertum, das durch Geld Einfluss und Status gewinnt. Vielleicht sieht er in der Ferne, was noch an Veränderung durch Handel und Geld möglich ist. Er sieht sein Geschäft, florierend und sich vergrößernd. Und er sieht damit verbunden den Aufstieg seines

Sohnes, der das Geschäft einmal übernehmen soll. Vielleicht sogar einmal selbst adelig werden kann.

Und hier zeigt sich seine traditionelle Seite. Veränderung ist so, wie er sich das vorstellt. Sein Sohn soll natürlich in seine Fußstapfen treten. Vielleicht könnte man sagen: Er steht in dieser Hinsicht mehr für ein System und weniger für die Beziehung.

Das ist vielleicht wiederum die Rolle der Mutter, Giovanna. Blicken Sie sie an und sie blickt direkt zu Ihnen zurück. Aufrecht, still und offen. Sie kommt aus einer adligen Familie. Wir wissen nicht genau, wie es kam, dass sie Pietro, also einen Nichtadeligen, heiratet. Aber es ist damals nicht selten, dass Töchter aus verarmtem Adel neureiche Bürger heiraten. Sie hat eine Kette in der Hand. Dies wird uns noch später beschäftigen. Nur so viel vorneweg: Wo der Vater Strenge und System walten lässt und

Oratorium *San Francesco Piccolino*

den Sohn in der vorgegebenen Spur, notgedrungen sogar durch Ketten, halten möchte, zeigt die Mutter ihre Stärken: Mitleid und Beziehungsfähigkeit.

Sicherlich darf man das Wesen und Sein der beiden Eltern nicht gegeneinander ausspielen und werten. Wir können annehmen: Beide haben ihren Sohn geliebt. Auf ihre Weise. Denn jeder Mensch ist anders und liebt so, wie er ist.

**Impuls**

*Nehmen Sie sich ein wenig Zeit für ein Gebet. Vielleicht in der Kirche Chiesa Nuova nebenan. Oder unweit von hier im Oratorium San Francesco Piccolino, das den angeblichen Geburtsort von Franziskus verorten möchte. Oder an einem anderen ruhigen Platz.*

Wie ist meine familiäre Herkunft? Beruflich? Sozial? Wie bin ich dadurch geprägt? Wie haben meine Eltern mich geprägt? Bewusst und unbewusst? Gab es Pläne, Wünsche, Erwartungen, die an mich herangetragen wurden? Zeigte sich in meiner Herkunft ein Stück Vorgabe und Aufgabe?

# Ritter werden: Traum und Realität

*Piazza del Comune*

## GESCHICHTE UND GESCHICHTEN

### Lebensfreude und Krieg

Franziskus wächst heran. Er ist Teil dieser aufstrebenden Stadt Assisi. Der Trubel dieser Stadt und ihrer Gassen gehört zu seinem Leben. Wir dürfen uns ihn wahrscheinlich als jemanden vorstellen, der unbesorgt und wohlhabend heranwächst. Wie oft er wohl hier, auf der *Piazza del Comune*, mit seinen Freunden war? In der Drei-Gefährten-Legende heißt es: „Er tat sich mit Gleichgesinnten zusammen und durchzog, dem Spiel und Gesang ergeben, Tag und Nacht die Stadt Assisi. Beim Ausgeben (von Geld) war er so

Der junge Franziskus zog gerne mit seinen Freunden durch die Stadt

überaus verschwenderisch, dass er *alles, was er haben* und verdienen *konnte,* für Gastmähler und andere Dinge verwendete." (Gef 2,3)

Auch auf erste Handelsreisen nach Frankreich darf er den Vater wahrscheinlich begleiten. Sieht eine andere Kultur, hört und lernt ein wenig eine andere Sprache. Er ist ein junger Mann, der Ritterromane liest, der wahrscheinlich voll von Hoffnungen, Idealen und Träumen ist. Dem die Welt und das Leben offenstehen.

Dazu kommen die politischen Umwälzungen der Zeit. Als wahrscheinlich 16-Jähriger erlebt Franziskus den schon angesprochenen Bürgeraufstand mit, bei dem die damalige *Rocca* zerstört und abgetragen wurde (vgl. S. 18). Die Bürgerschaft übernimmt die Herrschaft. Und der junge Franziskus bekommt wenig später sicherlich auch die erste städtische Volksversammlung mit. Plötzlich bestimmen nicht mehr nur Geburt und Abstammung über einen Lebensverlauf und über die Ämter und Aufgaben in der Gesellschaft. Besitz und Zunftzugehörigkeit werden wichtiger. Vieles ist möglich. Für einen jungen Menschen sowieso und in so einer Zeit gleich doppelt. Doch der Konflikt mit der Nachbarstadt *Perugia* verschlimmert sich und führt 1202 zum offenen Krieg. Franziskus reitet mit Rüstung und Pferd als ca. 20-Jähriger in den Krieg, wird nach einem Kriegsdebakel gefangengenommen und verbringt ein volles Jahr in Gefangenschaft. Assisi gibt in diesem Konflikt irgendwann nach und der Adel gewinnt dadurch an Macht und Einfluss zurück.

Franziskus erkrankt nach seiner Rückkehr aus der Kriegsgefangenschaft schwer. Lange Zeit verbringt er im Bett und versucht – anfangs auf einen Stock gestützt –, in sein altes Leben zurückzukehren. Aber nicht nur äußerlich und körperlich muss dies alles für den jungen Franziskus schwer gewesen sein. Sein Biograf Thomas von Celano beschreibt, dass das farbenfrohe Assisi für ihn alle Farben verloren hatte (vgl. 1 Cel 3).

## ZUM NACHDENKEN UND BETEN

### Grenzen und Enge

Wie mag es Franziskus wohl ergangen sein?

Vor dem Kriegseinsatz lag ihm die Welt zu Füßen, Assisi war ein offener Ort, wo für ihn und seinesgleichen alles möglich schien. Vielleicht kommt ihm Assisi und die ganze Welt nach seiner Gefangenschaft kleiner, enger und dunkler vor. Dieser Platz, auf dem wir uns gerade befinden, war ja sicherlich noch genauso voller Leben wie zuvor, aber Franziskus kann dieses Leben irgendwie nicht mehr erreichen. Es ist nicht leicht, aus so einer Dunkelheit zurückzufinden. Sein Leben in Assisi geht weiter, aber ob die Stadt wohl für ihn noch dieselbe war? Ob er selbst noch derselbe war?

**Impuls**

*Suchen Sie sich einen Platz hier auf der Piazza del Comune. Auf einer Bank, auf Stufen oder in einem Café.*

Kenne ich das, was Franziskus erlebt hat, auch? Was für Hoffnungen hatte ich in der Vergangenheit? Erfahrungen und Gefühle von Freiheit, Möglichkeiten und Weite? Und auch Erfahrungen von Enge, Grenzen, Verlust und Zukunft? Kenne ich diese Gefühle? Habe ich in meinem Leben auch schon einmal plötzlich Grenzen und Abgründe erlebt?

*Nehmen Sie sich hier, an diesem Lebensmittelpunkt dieser Stadt, Zeit, der Einsamkeit von Franziskus und Ihrer eigenen nachzugehen und mit den folgenden Worten darüber nachzudenken und zu beten.*

## Frei nach Psalm 22

Mein Leben, meine Zuversicht, meine Zukunft,
warum hast Du Dich einfach weggeschlichen,
mich zurückgelassen?
Wirst Du zurückkommen?
Hörst Du meine Sehnsucht?
Meine Tränen, meine Verzweiflung?
Jeden Tag und jede Nacht.

Jetzt erst merke ich:
Nichts ist selbstverständlich.
Vom Tag meiner Geburt an bin ich abhängig.
Mein Leben, meine Zuversicht, meine Zukunft,
komm zurück!

Früher strotzte mein Herz mit jedem Schlag,
heute ist es ausgequetscht und leer.
Die Kraft ist verschwunden.
Jetzt erst merke ich:
Nichts ist selbstverständlich.
Alles ist Werden und Vergehen,
Bekommen und Lassen.

Du aber, mein Leben, meine Zuversicht, meine Zukunft.
Halte nicht an.
Komm und werde,
auch wenn nichts wie zuvor sein wird,
dann neu, ungewiss und noch dunkel,
aber komm, komm und werde.

# Auf Augenhöhe mit den Armen und Kranken

*San Francesco/Oberkirche*

## GESCHICHTEN UND GESCHICHTE

### San Francesco

Franziskus, inzwischen Mitte zwanzig, findet zurück in sein voriges Leben. Äußerlich zumindest. Wir wissen nicht, mit welchen inneren Verwundungen.

Schauen wir ihn uns an, diesen jungen Mann mit seinen weiterhin ritterlichen Idealen, und treffen wir ihn in der Oberkirche der Basilika *San Francesco*: Bereits zwei Jahre nach dem Tod des hl. Franziskus, unmittelbar nach seiner Heiligsprechung, legt Papst Gregor IX. den Grundstein für den Bau einer neuen Grabeskirche am Stadtrand von Assisi. Bereits 1253 ist der Bau vollendet und bis zum Jahr 1320 wird die Kirche mit Fresken aus den berühmtesten Malerwerkstätten der damaligen Zeit ausgemalt.

Die Basilika *San Francesco* wurde nach dem Tod des Heiligen erbaut

Blick in die Oberkirche

Die Oberkirche war vor allem Gottesdienstraum für päpstliche liturgische Feiern und die Unterkirche war die ursprüngliche Krypta mit dem Grab des Heiligen unter dem Altar. Sie bilden – zwar räumlich getrennt – einen zusammenhängenden Kirchenbau, ergänzt durch die im 19. Jahrhundert angelegte neue Krypta unterhalb der Unterkirche. Baulich verbunden mit der Basilika schließt sich der *Sacro Convento* an, der bis 1860 als Papstresidenz diente und in einem Teil immer von Brüdern des Ordens der Franziskaner-Minoriten bewohnt wurde. Neben den Wohnräumen für die große, internationale Brüdergemeinschaft dienen Teile des Komplexes dem Museum, der Bibliothek, dem Souvenirladen und seelsorglichen Zwecken, wie vor allem der Jugendpastoral.

In der Oberkirche der Basilika sind 28 großformatige Fresken zu sehen – überwiegend aus der Werkstatt des Giotto di Bondone –, die ausgewählte Szenen aus dem Leben des Franziskus zeigen. Auf verschiedene Weise erzählen die Bilder dort weniger die genaue Lebensgeschichte als vielmehr die Botschaft des Lebens dieses außergewöhnlichen Menschen, der schon zu Lebzeiten als

Beispiel für ein Leben in der Nachfolge Jesu verehrt wurde. Über diesen Bildern wurde ein Zyklus gemalt, der die biblische Heilsgeschichte erzählt: von der Erschaffung der Welt und des Menschen bis hin zur Passion und Auferstehung Jesu, seiner Himmelfahrt und der Sendung des Heiligen Geistes. Der gesamten Ausmalung liegt ein theologisches Konzept zugrunde, das die einzelnen Darstellungen in eine inhaltliche Verbindung miteinander bringt.

## Der Mantel

Im Freskenzyklus des Franziskuslebens im ersten Joch der nördlichen Langhauswand steht an zweiter Stelle die Darstellung der „Mantelspende". Franziskus ist hier auf dem Bild noch standesgemäß in kostbares Tuch gekleidet. Er steigt von seinem Pferd herab – das allein ist schon ein bedeutendes Zeichen. Später wird Franziskus in seiner Ordensregel den Brüdern das Reiten auf Pferden verbieten, da es ein Zeichen des Reichtums und der Machtausübung ist. Der wohlhabende Tuchhändler schenkt seinen Mantel einem Armen. Dieser Bettler trägt einen Hut, ist also als ein Adliger zu erkennen, der – wie es damals nicht selten vorkam – in Mittellosigkeit gefallen war. Franziskus ist ein Vertreter der neuen Reichen, der Kaufleute, die durch Fleiß und Geschäftssinn zu Wohlstand gekommen sind.

Die Schenkung des Mantels an den verarmten Adligen ist eine deutliche Anspielung auf die Lebensgeschichte des heiligen Martin. Gerne sahen die frühen Biografen die Verbindungslinien zwischen den beiden Persönlichkeiten. Auch Franziskus wollte zunächst Ritter werden, wie Martin es war. Beide erleben einen Moment der Bekehrung und werden so, wie es der heilige Bonaventura in seinem Werk über Franziskus ausdrückt, zu „Rittern Christi".

Bemerkenswert ist die Gestaltung des Bildhintergrundes. In der linken Hälfte ist ein rauer, zerklüfteter Abhang zu sehen, auf dem die wehrhaft begrenzte Stadt Assisi steht – ein Sinnbild für das bisherige Leben des reichen Kaufmanns. Rechts hingegen erhebt sich ein sanfter Hügel, gekrönt von einem klosterähnlichen Gebäude mit Kirchturm. Franziskus steht genau am Schnittpunkt dieser beiden Hügel. Den ersten wichtigen Schritt hat er schon hinter sich: Er hat die Stadt, sein bisheriges Lebensumfeld, verlassen. Die entscheidenden Erfahrungen macht Franziskus außerhalb der Stadt,

Franziskus teilt seinen Mantel mit einem Armen

unten in der Ebene, wo die Armen und die Aussätzigen leben, also dort, wo ein reicher Kaufmann, ein aufstrebender Unternehmer eigentlich nichts zu suchen hat. Dann gelingt ihm der nächste Schritt, er bricht mit seinen bisherigen Gewohnheiten, er steigt vom Pferd herab und widmet sich dem Bedürftigen auf Augenhöhe. Er sucht ein neues Leben, weiß aber noch nicht genau, wie dieses Leben aussehen und wohin es führen wird. Später wird ihm klar werden, dass gerade in diesem Bruch die entscheidenden existenziellen Erfahrungen liegen, die ihn überhaupt dazu bringen, bewusst die Frage nach Gott zu stellen. Aber so weit ist es noch nicht.

**Ganz nebenbei – Mantelteilung und Mantelspende**

Die erste Kapelle auf der linken Seite im Langhaus der Unterkirche ist dem heiligen Martin gewidmet. Dort hat der Maler Simone Martini die Szene der Mantelspende dargestellt. Es ist lohnenswert, sich beide Bilder nacheinander anzuschauen und die Parallelen, aber auch die bewussten Unterschiede wahrzunehmen.

## Der Traum

Franziskus wagt einen zweiten Anlauf, in den Krieg zu ziehen und Ritter zu werden. Sein Vater gibt ein kleines Vermögen aus, um ihn so auszustatten, dass er sich einem Adligen in den Krieg nach Apulien anschließen kann. Nach der ersten Tagesreise kommen sie nach *Spoleto*.

Die Biografen erzählen von einem Traum aus dieser Nacht. Von einer unbekannten Stimme, die ihn nach seinem Vorhaben fragt, das er freigiebig erzählt. Daraufhin soll sie gefragt haben: „Wer kann dir besser helfen, der Herr oder der Diener?" Worauf Franziskus ganz natürlich „der Herr" geantwortet haben soll. Die verwirrende Antwort darauf ist dann: „Warum verlässt du dann den Herrn dem Diener zuliebe?" Verunsichert fragt Franziskus: „Was willst du, Herr, dass ich tun soll?" und die Antwort kommt prompt: „Kehre zurück in dein Land, und es wird dir gesagt werden, was du tun sollst!" (vgl. Gef 6,5–8)

Am nächsten Morgen kehrt Franziskus um. Er lässt die alten Träume hinter sich, auf der Suche nach neuen.

## ZUM NACHDENKEN UND BETEN

### Neue Blickrichtung

Begeben wir uns mit Franziskus auf die Suche und gehen hinaus aus der Oberkirche auf den Vorplatz von *San Francesco*. Auf dem freien Platz vor der gewaltigen Kirche begegnen wir unserem armen Ritter. Nicht mehr hocherhoben. Er und sein Pferd haben den Kopf geneigt. Nicht mehr hocherhaben. Etwas ist passiert. Hat ihn verändert. Es hat fast den Anschein, als schaue er nicht mehr in eine höhere Zukunft, sondern auf das, was direkt vor ihm ist. Nur was?

In den Monaten nach der Rückkehr aus *Spoleto* scheint Franziskus suchend und zerrissen. Zum einen bewegt er sich noch im alten Leben, zum anderen scheint er aber die Armen in der Stadt nicht nur, wie vorher, wahrzunehmen, sondern Mitleid zu haben. Das geht bis zu Erzählungen, dass er für einen Tag mit einem Bettler die Kleider getauscht haben soll.

Erinnern wir uns an die Haltung und Blickrichtungen der Eltern. Franziskus schien bis jetzt auch – wie sein Vater – in die zukünftige

Weite zu blicken. Nun scheint er den Blick auf die Menschen zu richten, wie seine Mutter uns anblickte. Und nicht mehr von oben herab wie ein Ritter. Sein Blick hat sich gesenkt.

Es scheint, dass sich etwas in Franziskus verändert hat. Er gibt plötzlich mehr, nicht aus äußerem Pflichtgefühl, sondern aus einem inneren Drängen, in der Begegnung mit den Menschen. Das Leid findet in ihm Mitleid, Sensibilität und Resonanz. Er findet den Weg heraus aus Egoismus und Selbstzentriertheit. In der Drei-Gefährten-Legende wird es später heißen: Gott fügte es, dass er ein Vertrauter und Freund der Aussätzigen wurde (deren Kontakt ihm früher so widerwärtig erschien), so sehr, dass er später unter ihnen lebte und ihnen in aller Schlichtheit diente (vgl. Gef 11).

In seinem Testament wird er später selbst über diese Erfahrung schreiben:

„So hat der Herr mir, dem Bruder Franziskus, gegeben, das Leben der Buße zu beginnen: Denn als ich in Sünden war, kam es mir sehr bitter vor, Aussätzige zu sehen.

Und der Herr selbst hat mich unter sie geführt, und ich habe ihnen Barmherzigkeit erwiesen.

Die Skulptur auf dem Vorplatz der Oberkirche zeigt, wie Ritter Franziskus ratlos und zerrissen zurückkehrt

Und da ich fortging von ihnen, wurde mir das, was mir bitter vorkam, in Süßigkeit der Seele und des Leibes verwandelt. Und danach hielt ich eine Weile inne und verließ die Welt." (Test 1–3)

**Impuls**

*Die folgende Beschreibung soll ein kleines Experiment darstellen. Etwas, um direkte Begegnung möglich zu machen und so ein wenig unserem Franziskus in seiner Lage nachzuspüren und nachzugehen. Sie dient der Inspiration und Wahrnehmungsschärfung. Sie erfordert Mut. Wie jede Begegnung.*

## Geplantes Verlaufen. Begegnung und Augenhöhe

Eine kleine äußere und innere Übung

Starten Sie dort, wo Sie jetzt sind.
Was Sie brauchen: eine gute Stunde Zeit.
Führen Sie die folgende Übung alleine und in Ihrem Tempo durch. Falls Sie in einer Gruppe unterwegs sind: Machen Sie einen Treffpunkt aus. Suchen Sie sich verschiedene Startpunkte. Und wenn Sie sich begegnen: Grüßen Sie einander, aber bleiben Sie nicht stehen.

1. Gehen Sie eine beliebige Gasse entlang, bis Sie zwei Kreuzungen passiert haben.

Über den Dächern und durch die Gassen von Assisi

2. Verweilen Sie eine kurze Zeit. Wenn Sie möchten, können Sie ein Gebet sprechen.

   Gott, sei in meinen Schritten und meinen Begegnungen,
   in meiner Offenheit und Begrenztheit,
   in meinem Wahrnehmen und allem, was mir geschenkt wird.
   Amen.
3. Ist Ihr Alter gerade: Gehen Sie nach rechts. Ist Ihr Alter ungerade: Gehen Sie nach links.
4. Halten Sie an, sobald Ihnen ein Mensch begegnet, und überlegen Sie sich, ob dieser Mensch wohl regelmäßig betet. Und wenn nicht, was macht er vielleicht stattdessen? Woran macht er seine Hoffnung fest? Überlegen Sie kurz.
5. Gehen Sie weiter zur nächsten Kreuzung. Wenn Ihre Schuhgröße gerade ist: Gehen Sie nach rechts. Ist sie ungerade: Gehen Sie nach links.
6. Achten Sie auf die Menschen, die an Ihnen vorbeigehen. Hören Sie ihnen zu. Blicken Sie sie an.

   Welche Worte und Sprachen hören Sie? Vielleicht riechen Sie auch den einen oder anderen Menschen im Vorbeigehen? Parfum oder Schweiß? Welchen Eindruck machen die einzelnen Menschen auf Sie? Sympathisch oder unsympathisch? Warum?

   Überlegen Sie: Was sind Dinge/Eigenschaften, die Sie im ersten Moment sympathisch finden? Was nicht?
7. Gehen Sie einfach weiter und fragen Sie den nächsten Menschen, der Ihnen begegnet, in welcher Richtung *San Francesco* liegt (versuchen Sie es erst auf Deutsch und dann auf Englisch oder Italienisch). Folgen Sie der Wegbeschreibung.
8. Machen Sie Halt, wenn Sie an einem Ort vorbeikommen (kann auch ein Geschäft oder Restaurant sein), den Sie seltsam finden. Warum auch immer. Bleiben Sie so lange, bis Sie in Worten ausdrücken können, was genau Sie seltsam finden.
9. Orientieren Sie sich in Richtung des Startpunktes und gehen Sie langsam zurück.
10. Wenn Sie an einem Restaurant vorbeikommen: Oft hängt draußen die Karte aus. Schauen Sie sich in Ruhe die Karte an. Welches Gericht mögen Sie am liebsten oder spricht Sie spontan an? Warum? Welches mögen Sie überhaupt nicht oder würden

Sie nie bestellen? Warum? Können Sie sich wirklich vorstellen, dass Letzteres manchen Menschen wirklich schmeckt?

11. Stoppen Sie noch einmal, wo es Ihnen gefällt.
    * Wenn Sie mutig sind und sich ausprobieren möchten: Führen Sie hier eine (kleine) Handlung aus, die ganz untypisch und ungewohnt für diesen Ort ist. Wie fühlt es sich an?
12. Gehen Sie zurück zu dem Punkt, an dem Sie begonnen haben.
13. Bleiben Sie dort stehen und nehmen Sie die Umgebung mit allen Sinnen wahr. Was sehen Sie? Was hören Sie? Was riechen Sie? Was spüren Sie?

*Nehmen Sie sich ein wenig Zeit zur Reflexion.*
Wie ging es mir bei dieser Übung? Was ist mir leichtgefallen? Was schwer? Warum war das eine oder andere vielleicht schwierig?

*Franziskus ist vielen Menschen begegnet. Auf unterschiedliche Weise. Auf unterschiedliche Weise hat er sie auch beachtet und wahrgenommen. Vor allem die fremden und armen Menschen.*

Wie erging es mir in meinen Begegnungen mit den Menschen, die meinen Weg in den vergangenen Stunden gekreuzt haben? Sind mir die Menschen noch im Gedächtnis? Fühle ich mich eher wie der „frühe" Franziskus, der Abstand hält, oder wie der „späte" Franziskus, der die Menschen in seiner Umgebung wahrnimmt und sogar ohne Hemmungen gerne auf sie zugeht?

Herr,
wende Dich uns zu.
In jeder Begegnung.
Segne die Menschen auf meinem Weg,
die mir begegnet sind
und begegnen werden.
Segne meinen Blick auf sie.
Amen.

➔ *Ein Ort der Begegnung – Magdalenenkapelle (S. 159)*

# Gottesbegegnungen

*San Francesco/Oberkirche*

## GESCHICHTE UND GESCHICHTEN

### Wenn Gott sich zeigt

Gottesbegegnungen sind nicht einfach zu erklären. Weder in Worten noch in Bildern. Traut man den biblischen Erzählungen oder geistlichen Erfahrungen vieler Menschen, sind Gottesbegegnungen so selbstverständlich, wie sie „selten und häufig" sind. Manche biblische Menschen warten fast ein ganzes Leben darauf, bei anderen stehen sie fast auf der Tagesordnung. Aber wie kann man so etwas beschreiben?

Wir wollen deswegen zuerst ein paar biblische Gottesbegegnungen betrachten und herausfinden, welche Worte und Bilder dafür in der Vergangenheit genutzt wurden. Gehen wir dafür zurück in die Oberkirche von *San Francesco*.

Bei den Fresken im zweiten Joch auf der rechten Seite des Langhauses geht es zentral um die Glaubensentscheidung im Leben von Franziskus. Verständlich wird sie aber erst im Blick auf die Grundlage des biblischen, des jüdisch-christlichen Gottesbildes.

### Geschaffen zur Freiheit

Die erste Darstellung oben links zeigt die Erschaffung der Eva. Der Schöpfergott – hier immer abgebildet in der Person Jesu Christi – wendet sich Eva und Adam zu und schenkt ihnen Leben. Es ist ein Bild von liebender Gemeinschaft. Gott und Mensch, Schöpfer und Geschöpf sind vertraut miteinander. Es gibt noch nichts Trennendes oder Störendes in dieser Ursprungsgemeinschaft. So ist das Bild ein grundlegender Hinweis auf den Ursprung aller Menschen nach biblischem Verständnis: Der Mensch ist von Gott nach seinem Bild erschaffen, gewollt und geliebt.

Es geht um die Würde, die jedem Menschen von Anfang an von Gott geschenkt wurde, diese Würde, die ihm niemand nehmen darf.

Dass Gott uns Menschen aus Liebe erschaffen hat, sehen wir daran, dass wir frei sind. Wir sind frei, unseren Lebensweg zu gestalten und zu gehen. In dieser Freiheit ist es auch möglich, herauszugehen aus dieser Ursprungsgemeinschaft mit dem Schöpfergott. Kann ich auch ohne Gott leben, außerhalb der Gemeinschaft mit ihm? Selbstverständlich ist das möglich, allerdings stellt sich dann die Frage, was denn überhaupt „Leben" heißt. Ein Begriff kommt hier indirekt ins Spiel, der in jedem Menschenleben eine Rolle spielt: die Sehnsucht. Ich habe Sehnsucht nach Leben. Nach einem Leben, das mehr ist als die paar Jahrzehnte, die ich hier auf dieser Welt verbringe. Nach einem glücklichen, erfüllten, heute würde man vielleicht sagen „nachhaltigen" Leben. Wie komme ich aber zu einem Leben in Fülle mit einer Perspektive über die Lebenszeit hinaus? Der Glaube gibt uns die zunächst etwas sonderbar klingende Antwort: Ich komme zur Fülle des Lebens durch Umkehr, durch Rückbindung an den Ursprung. Indem ich also in freier Entscheidung mich wieder rückbinde und wieder in die Ursprungsgemeinschaft mit Gott zurückkehre. Im Sich-Festmachen an Gott, darin liegt die wahre Freiheit, um zur Fülle des Lebens zu kommen. Das bedeutet keinesfalls eine billige Vertröstung auf bessere Zeiten irgendwann einmal im Himmel, sondern eine neue Perspektive meines Daseins aus diesem tieferen Zusammenhang heraus – mein Leben, von Gott geschenkt, bleibt bewahrt in seiner Liebe und geht am Ende nicht verloren.

## Abraham und Franziskus

Das klingt nun alles sehr edel, fromm und erhaben. Greifbar wird es vor allem an konkreten Beispielen. Bevor in der Freskenfolge die Gestalt des Franziskus ins Spiel kommt, geht es zunächst um die Urgestalt des glaubenden Menschen, um Abraham. Folgen wir der Blickrichtung des schöpfenden Jesus im obersten linken Bild, führt sie uns zu Abraham und der Begegnung bei den Eichen von *Mamre* (Gen 18,1–15). Drei Männer besuchen Abraham und verkünden ihm die Geburt eines langersehnten Sohnes. Es ist Gott, der da in das Leben Abrahams eintritt, deswegen spricht man bei den Männern von Engeln, die immer für die sichtbare und doch verborgen bleibende Offenbarung Gottes stehen. Der

Abraham begegnet Gott bei den Eichen von *Mamre*

mittlere Engel trägt einen Heiligenschein mit Kreuz, das schon auf Christus hinweist.

So wie es Abraham erfährt, wird es auch bei Franziskus sein und vielleicht ist es bei Ihnen selbst auch so: Die entscheidenden Momente kommen im Leben immer unerwartet. An Orten und zu Zeiten, wo wir es nicht vermuten würden. Abraham steht hier für jede und jeden von uns. Gott kommt ihm entgegen, er hat einen Plan für ihn und seine Sehnsucht, er zeigt ihm eine Perspektive. Für die Theologen der frühen Kirche war es klar, dass sich hier nicht irgendeine höhere Macht offenbart, sondern ein personaler, konkreter Gott. Sie sahen diese Erscheinung der drei Engel als ein Vorausbild für den dreifaltigen Gott, dessen Mitte Jesus Christus ist, das sichtbar gewordene Antlitz Gottes. Die Maler in der Basilika und ihre Auftraggeber greifen diese Idee auf.

Es ist natürlich kein Zufall, dass das Bild und diese Geschichte hier auftauchen. Hier an dieser Stelle, wo in den Fresken etwas über die Grundbeziehung zwischen Gott und Mensch erzählt wird, und u. a. in den unteren Fresken von Franziskus, wie er Gott im Kreuz von *San Damiano* begegnet (S. 54). Alles hier erzählt von Begegnung und der einen Beziehung zwischen Gott und Mensch, die von Anfang an grundgelegt ist und die bei unterschiedlichen Menschen auf unterschiedliche Weise geschieht, geknüpft und erzählt wird. Es sind bei Abraham und Franziskus völlig andere Gegebenheiten, aber es geht immer um dieselbe Beziehung.

## ZUM NACHDENKEN UND BETEN

### Fragmentarisch

Das Fresko mit Abraham erzählt von einer Gottesbegegnung, die von Gastfreundschaft, drei Männern, Tischgemeinschaft und Dialog erzählt. Von Verheißung und Zuwendung.

So eine Begegnung kann eigentlich nicht in Worte gefasst werden. Diese reichen dafür nicht aus, bleiben fragmentarisch. Aber sie können uns eine Richtung und eine Ahnung geben.

Leider wurde das Fresko durch Feuchtigkeitseinwirkung beschädigt, so dass Abraham nicht mehr zu sehen ist. Vielleicht auch ganz passend. Zum einen, um das Fragmentarische der Beschreibung dieser Gottesbegegnung zu unterstreichen, zum anderen, um uns vielleicht selbst in die Rolle Abrahams hineinzumalen.

**Impuls**

*Schauen Sie sich nochmals in Ruhe das Fresko an und lesen Sie vielleicht auch noch die dazugehörige Bibelstelle (Gen 18,1–15). Nehmen Sie sich nun eine halbe Stunde Zeit. Hier oder an einem ruhigen Ort.*

Wo und wie ist Gott mir schon begegnet? Habe ich ihn erfahren oder wie stelle ich ihn (oder sie) mir vor und warum?

*Lesen Sie sich in Ruhe die folgenden Begriffe durch. Welche verbinden Sie mit Gott und warum? Suchen Sie sich fünf passende Begriffe aus. Natürlich in dem Bewusstsein, dass auch diese Begriffe nur richtungsweisend und fragmentarisch sind.* ✍

helfend zärtlich
suchend mütterlich
fremd
unerreichbar väterlich
kuschelig
grund-legend
sichtbar in Jesus
gegenwärtig in der Schöpfung

weit entfernt menschlich richtend

nicht
zugewandt
oben existent

bergend mitleidend zuhörend

hell
abwesend partnerschaftlich
warm

einzig
in mir strafend
felsenfest

allmächtig
anfragend kontrollierend

anders
sprechend
lebendig
beobachtend
sinnstiftend
liebend
heilend
zornig

ohnmächtig dunkel
feurig

Mensch geworden
wunderbar

sorgend unnahbar im Kleinen

wahr gegenüber schützend heilig

Warum gerade diese fünf? Welche Situationen und Erfahrungen verbinde ich damit? Wären es vor zehn Jahren dieselben gewesen? Was hat sich verändert? Wo spüre ich Enttäuschung und wo Sehnsucht?

*Es kann bestärken und bereichern, die Unterschiedlichkeit, das Gemeinsame und das Unsagbare voneinander zu hören.*

**Ganz nebenbei – Verkündigung**
Falls Sie noch Zeit und Lust auf eine weitere Gottesbegegnung haben, dann gehen Sie in die Unterkirche und schauen Sie sich dort im Bogen über der Nikolauskapelle (vorne rechts) die Verkündigung an Maria an. Auch aus der Schule von Giotto. Auch eine Begegnung der besonderen Art. Den Engel und Maria trennt etwas und im weiten Bogen wird diese Trennung spürbar. Und doch überwindet der zugewandte Engel die Trennung zur erschrockenen Maria. Es entsteht Begegnung und Berührung zwischen Himmel und Erde und daraus erwächst Wunderbares.

# Auf Augenhöhe mit Gott: das Kreuz von San Damiano

*San Rufino, Santa Chiara*

## GESCHICHTE UND GESCHICHTEN

### Auf der Suche

Folgen wir weiter dem Leben des Franziskus. Er wollte in sein altes Leben zurück, aber der erneute Versuch, Ritter zu werden, und der Traum in *Spoleto*, in dem er angefragt wurde, wem er in

*San Rufino* ist die Bischofskirche des Bistums *Assisi-Nocera Umbra-Gualdo Tadino*

Zukunft dienen will, haben ihn nicht weiter in den Krieg ziehen, sondern zurückkehren lassen.

Wir wissen nicht, was ihn nach seiner Rückkehr aus *Spoleto* bewegt, aber wir können uns vorstellen, dass er ein Suchender geworden ist. Er sucht plötzlich nach etwas anderem als Rittertum und zukünftigem Wohlstand. Was er wohl sucht? Einen Sinn, eine Richtung oder einen Auftrag? Er lebt irgendwie in einer Zwischenwelt. Zwischen seinem alten Leben, das so klar auf Reichtum und Zukunft ausgerichtet war, und dem neuen, das sich noch nicht konkret zeigt. Vielleicht ist er aber doch schon ahnend, dass es mit der Begegnung mit den Armen und der Armut zu tun haben könnte. Er streift unruhig durch die Stadt und deren Umgebung.

Wir wollen mit ihm durch die Gassen streifen und uns zur Kirche *San Rufino* aufmachen. Sicherlich ist Franziskus in dieser unruhigen Zeit das eine oder andere Mal hier vorbeigekommen.

## San Rufino

Die Kirche geht auf das 8. Jahrhundert zurück und wurde auf den Gemäuern von alten römischen Gebäuden errichtet. Um 1140 wurde mit diesem Bau, den wir nun vor uns sehen, begonnen und erst 1253 wurde er vollendet. *San Rufino* ist bis zum heutigen Tag die Bischofskirche von Assisi. Im Inneren ist, außer dem mutmaßlichen Taufbecken von Franziskus und Klara auf der rechten Seite, nur noch wenig ursprünglich, denn im 16. Jahrhundert wurde der Innenraum völlig neugestaltet. Doch die durchlässigen Glaselemente auf dem Boden und die Durchblicke und Einblicke links neben dem Eingang im Inneren erzählen noch ein wenig von der langen Geschichte dieser Kathedrale.

Wir möchten uns aber nicht dem Innenraum, sondern dem Relief außen über dem Hauptportal zuwenden. Die Fassade von 1134 zählt zu den schönsten in Umbrien. Wir sehen über dem Portal einen Christus, thronend mit Krone und Heiligenschein. Er sitzt zwischen einem Mond und einem Stern. Er ist sinnbildlich

An diesem Taufbecken sollen schon Franziskus und Klara getauft worden sein

Durch den gläsernen Boden können römische Mauerreste betrachtet werden

Das Relief am Außenportal zeigt Christus als Weltenherrscher

Herrscher über die Schöpfung. Zu seiner Rechten seine Mutter als stillende Königin und zu seiner Linken der heilige Bischof Rufino. Das Relief entstand zur Zeit von Franziskus und Klara und stellt das vorherrschende Christusbild dieser Zeit dar.

Franziskus scheint dieses gängige Christusbild seiner Zeit aber nicht nachhaltig angesprochen zu haben. Vielleicht auch nicht mehr. Vielleicht hat sich sein Christus- und Gottesbild in ähnlicher Weise verändert, wie sich auch sein Menschenbild verändert hat. Man könnte es auf vieles, was ihn wahrscheinlich in dieser Zwischenzeit bewegt hat, übertragen: Franziskus war ein Suchender und es hat sicherlich nicht an spirituellen und kirchlichen Orten und Anlaufpunkten in Assisi gefehlt. Die mittelalterliche Kleinstadt war voll von Kirchen und Klöstern, aber scheinbar fand er dort keine Antworten auf seine Fragen. Die Klöster waren meist voller Adliger. Sie lebten in ihrer eigenen Welt. Abgeschlossen und abgetrennt von der restlichen. Vielleicht auch ab und an herabblickend auf diese. So, wie auch das Relief auf die Menschen „herabblickte", die vor dem Portal standen – bittend und betend. Gleichermaßen, wie auch der Adel auf die anderen herunterblickte und diese Position und die damit verbundene Macht und den

Einfluss behalten wollte. Anders wiederum Menschen wie Pietro di Bernadone, die diese Stufe hinaufwollten. Aber Franziskus? Wo geht man hin, wenn das Auf und Ab der Zeit nicht mehr für einen stimmt?

## Auf Augenhöhe mit Christus

Er streift durch die Stadt. Betet an einsamen Orten. In verfallenen und verlassenen Kapellen. In *San Damiano* und wohl auch in der Krypta von *San Masseo* (S. 139). Und dieser Rückzug an einsame Orte wird ihn sein Leben lang begleiten. Vielleicht sogar das Suchen an sich.

Begleiten wir ihn weiter auf dieser Suche und folgen ihm ein wenig die Stadt hinunter und besuchen nun, mit dem Relief von *San Rufino* im Hinterkopf, die Kirche *Santa Chiara* (dieser werden wir uns in Klaras Leben noch dezidiert zuwenden, S. 130) und gehen dort in die rechte Seitenkapelle. Dort hängt vor uns das Kreuz, das Franziskus in dem damals völlig verwahrlosten Kirchlein *San Damiano*, ein wenig unterhalb der Stadt, vorfindet. Das Kreuz ist ca. zwei Meter hoch und wurde im frühen 12. Jahrhundert auf

Das berühmte Kreuz von *San Damiano* hängt in der Kirche *Santa Chiara*

dem *Monteluco* von *Spoleto* im byzantinischen Stil gemalt. Es ist nicht nur einfach eine Kreuzigungsszene. Bei genauerem Hinschauen erkennt man viele Menschen, die darauf abgebildet sind. Es gibt nicht nur den Karfreitag, sondern auch ein Stück Ostern, Himmelfahrt und sogar die Gemeinschaft der Heiligen sind darauf zu erkennen. Freud und Leid, Verrat und Zuwendung, Hoffnung und Vertrauen sprechen daraus. Alles, was das Leben, Glauben und Lieben ausmacht und widerspiegelt. Wie schauen wir, wie schaue ich heute auf diese Bilder in einer Zeit der Überflutung mit schillernden Farben und visuellen Eindrücken? Der mittelalterliche Mensch sah die Bilder anders, für diesen hatten sie eher den Charakter einer Reliquie, wurden gesehen als tatsächliche Gegenwärtigsetzung der abgebildeten Person. Franziskus sieht sich von Christus angeschaut. Irgendetwas passiert hier mit Franziskus. Irgendetwas findet er hier.

Später werden die Biografen erzählen, was Franziskus selbst nie erzählt hatte, nämlich dass das Kreuz zu ihm gesprochen haben soll: „Franziskus, geh und baue mein Haus wieder auf, das, wie du siehst, ganz und gar in Verfall gerät." Ob das so war? Wir werden es nie erfahren und es ist auch nicht wirklich wichtig. Wichtig ist, dass Franziskus hier Gott findet, ihm irgendwie begegnet und das nicht in einem Weltenherrscher, sondern im Gekreuzigten, im Leid und in Freiheit, ihn anblickend, nicht hocherhoben und auf ihn herabblickend (so wie das Kreuz jetzt leider hängt), sondern ihn anblickend auf Augenhöhe und mit offenen Armen.

**Ganz nebenbei – Das Kreuz von San Damiano**

Wenn die Schwestern der heiligen Klara *San Damiano* verlassen, um sich hier bei *Santa Chiara* am Grab ihrer Gründerin anzusiedeln, werden sie das Kreuz mitnehmen. Es wird jahrhundertelang in deren Klausur verschwinden. Erst in der Neuzeit wird es wieder seinen Weg an die Öffentlichkeit finden. 1953, zum 700. Todestag von Klara, wird es in einer Prozession durch die Stadt getragen und kommt wieder ins Bewusstsein.

## ZUM NACHDENKEN UND BETEN

### Zeit und Raum für Begegnung

Was Franziskus wohl in der Begegnung mit dem Kreuz von *San Damiano* gefunden hat? Vielleicht ein Stück Klarheit, wie er selbst sein will. Ein Stück der Klarheit, wie er selbst schon in letzter Zeit die Armen der Stadt wahrnimmt und ihnen begegnet. Was sich in diesen vorigen menschlichen Begegnungen veränderte und angebahnt hat, zeigt sich nun in einem neuen Blick auf Gott und rückwirkend auch auf sein eigenes Leben. Vielleicht findet er hier ein Stück der Antwort, die schon lange in ihm schlummert, sucht und umherstreift.

Vielleicht ein Stück weit, wie Rainer Maria Rilke einst einem jungen Dichter gut 700 Jahre später schrieb, der fragte, wie es ist, Dichter zu sein, und ob er auch einer sei. Rilke antwortete ihm, er solle Geduld haben im Herzen und mit den Fragen, die er in sich trüge, umgehen und diese lieb haben wie verschlossene Bücher, die in fremden Sprachen geschrieben sind. Eben nicht die Fragen jetzt zu leben, die man noch nicht leben kann, sondern das zu leben, was man jetzt hat und was jetzt geht, um vielleicht dann eines Tages ganz selbstverständlich in die Antwort hineinzuleben (R. M. Rilke, Briefe an einen jungen Dichter).

Vielleicht erging es auch Franziskus so. Ein Stück seiner Fragen, ein Stück seines Suchens kam ihm hier mit offenen Armen antwortend entgegen. Manches braucht Zeit und Raum. Gerade wenn es um Fragen und Begegnung geht.

**Impuls**

*Nehmen Sie sich deswegen auch die Zeit für sich, für Stille und Begegnung. Vielleicht eine Stunde. Vielleicht auch mehr. Vielleicht hier vor dem Kreuz oder unten in San Damiano oder San Masseo (S. 139) oder auf einem einsamen Spaziergang (S. 144).*

*Die Gottsuche und -findung braucht einfach Zeit und Raum – für Ihre offenen Fragen, für Ihr Liebhaben dieser Fragen und vielleicht auch Gottes Entgegenkommen mittendarin. Nehmen Sie sich diese Zeit. In Stille und allein.*

*Es kann lohnenswert sein, mit jemandem zu sprechen bzw. zwei oder drei Erkenntnisse/Erfahrungen aufzuschreiben.*

# Verheißung und Opfer

*San Francesco/Oberkirche*

## GESCHICHTE UND GESCHICHTEN

### Nochmal Abraham

Franziskus ist nach der Begegnung mit dem Kreuz von *San Damiano* einen Schritt in seinem Suchen und Ringen weitergekommen. Er hat eine Ahnung davon, was Gott von ihm vielleicht möchte und in welche Richtung sein Leben gehen könnte. Aber jede Erkenntnis, jedes Licht, das uns aufgeht, jede Verheißung kostet uns auch etwas: eine Entscheidung. Jede Tür, die sich auftut, kann bedeuten, dass wir beim Eintreten eine andere zurücklassen oder sogar schließen müssen. Kehren wir zurück in die Oberkirche von *San Francesco* und gleichzeitig auch zu Abraham, der – wie wir schon gesehen haben (S. 43) – auch eine Verheißung bekommen

Abraham soll seinen Sohn Isaak opfern

hat. Ob er ahnte, was sie ihn kosten wird? Ob Franziskus es ahnte?

Schauen wir wieder beim zweiten Joch, d. h. den zweiten Gewölbeabschnitt an der Nordwand, hinauf. Dort finden wir links neben Abrahams Begegnung mit Gott und neben dem Fenster auf gleicher Höhe eine weitere Gottesbegegnung: die Opferung Isaaks oder die Erprobung Abrahams (Gen 22,1–19). Eine fast unerträgliche Vorstellung: ein Gott, der von einem Vater verlangt, seinen so lange erhofften Sohn zu opfern. Es ist derselbe Sohn, der ihm auf dem anderen Fresko noch verheißen wurde. Es ist sicherlich eine der schwierigsten Erzählungen der Bibel. Im Kern verbirgt sich darin mitunter die Frage nach einem radikalen Gottvertrauen.

Auch hier zeigt sich Gott dem Abraham, aber ganz anders als zuvor. Wir befinden uns außerhalb der Stadt ohne andere Menschen. Die Stadt ist links im Hintergrund weit entfernt sichtbar. Abraham holt schon mit dem Schwert aus, um den wie ein Opfertier zusammengebundenen Isaak auf dem Altar hinzurichten. Oben rechts erscheint die Hand Gottes oder eines Engels, wie auch immer, um ihn aufzuhalten.

Franziskus betet vor dem Kreuz

Im Fresko darunter betet Franziskus vor dem Kreuz in *San Damiano*.

*San Damiano* liegt auch außerhalb der Stadt und ist im Vergleich zu den Kirchen in Assisi wirklich ein unmöglicher Ort. Ein Priester lebt hier, der für schlechte Ausbildung und mangelhaften Lebenswandel bekannt ist. Deswegen wohl ist die Kirche baufällig, es fehlen die Einnahmen. Hier in der kleinen, zerfallenen Kapelle, für die sich niemand interessiert, geschieht die Begegnung mit dem Gekreuzigten, der wir uns im vorigen Kapitel schon zugewandt haben.

## ZUM NACHDENKEN UND BETEN

### Hingabe

Was haben diese beiden Bilder miteinander zu tun? Diese furchtbare Erprobung Abrahams und die zärtliche Begegnung des Gekreuzigten mit Franziskus? Eine Interpretation der Abrahams-Szene ist, dass Menschenopfer damals endgültig aufgehört haben und „nur" noch Tiere geopfert werden sollten (was diese schreckliche Erprobung aber nicht schmälert und hinreichend erklärt). Im christlichen Sinne wird die Szene manchmal so interpretiert, dass Gott dort noch einen Sohn gefordert und in Christus seinen eigenen als endgültiges und letztes Opfer hergegeben hat. Es bleibt aber auch hier schwierig, denn eine „Theologie des Opferns" ist vielen modernen Menschen fremd geworden.

Vielleicht ist es zugänglicher, wenn wir statt von „Opfer" von „Hingabe" reden? Oder man könnte auch vom „Einsatz des ganzen Lebens" sprechen.

Was ist es, was Abraham und Franziskus in ihrer Hingabe bzw. in ihrem Einsatz verbindet? Vielleicht, dass die beiden auf ihre Weise eine Verheißung empfangen haben, vielleicht auch nur eine Ahnung davon, und gleichzeitig, dass diese Ahnung bzw. diese Verheißung auch etwas kostet? Hoffentlich kein Leben, aber mindestens eine Entscheidung.

Vielleicht ist aber auch alles viel einfacher …

Vielleicht geht es doch einfach und schlussendlich nur darum, dass Gott sich zeigt und dass er da ist. Auf verschiedene Weise und in verschiedensten Situationen.

**Impuls**

*Deswegen einen kleinen Meditationstext für eine stille, persönliche Zeit:*

## Ich glaube ...

Ich glaube …
manchmal mehr und zu oft weniger.
Daran, dass Gott da ist.
Menschen aufstehen lässt
gegen Ungerechtigkeiten, Diskriminierung und sogar den Tod.

Ich glaube …
dass Gott sich zeigte
in vergangenen Zeiten
und Menschen entflammte, ermutigte und inspirierte
in Dornbuschfeuern und auf Wüstenpfaden.
Menschen, wie Abraham, Mose und Isaak,
gleich und ähnlich, wie Franz und Klara in Assisi, Dietrich Bonhoeffer im Gefängnis,
meine Oma zuhause und ab und an mich.

Ich glaube …
dass er sich zeigen wird,
auch zukünftig,
und Menschen begleitet, bestärkt und herausholt
aus dunkelsten Gräbern und tiefsten Einsamkeiten.
Menschen, wie Maria, Petrus und vor allem Jesus,
gleich und ähnlich, wie Franz und Klara in Assisi, Dietrich Bonhoeffer im Gefängnis,
meine Oma zuhause und hoffentlich auch mich.

Die vergangene Erfahrung führt zu zukünftiger Hoffnung!
Ja, deshalb glaube ich …
Trotzdem! Immer noch! Immer wieder!
Jetzt, hier und heute.
Manchmal mehr und zu oft weniger.
An was? Dass Gott da ist!

Und du?

# Alte Ketten oder neue Freiheit: die Entscheidung

*Piazza del Vescovado*

## GESCHICHTE UND GESCHICHTEN

### Neue Wege suchen

Schon seit den Ereignissen in *Spoleto* sucht Franziskus die Nähe zu den Armen und Aussätzigen. Die neu gefundene Offenheit zu den Menschen und die Sehnsucht und der Mut, in die Stille zu gehen, schufen den Raum für ganz neue Wege, unbekannte Orte und Begegnungen jenseits seines bisherigen Lebens.

Für Franziskus ist *San Damiano* der Ort des Eintritts in die unmittelbare Beziehung zu Gott und deshalb nun auch die Voraussetzung für den nächsten Schritt. Sicherlich haben einige Menschen in der näheren Umgebung, seine Freunde und seine Familie, die Veränderungen schon früher wahrgenommen, die den jungen Mann umgetrieben haben. Aber vieles davon blieb wohl situativ und wenig davon geschah in der Öffentlichkeit. Bis jetzt …

Auf der *Piazza del Vescovado*

Jetzt nimmt Franziskus sich ein Pferd und verschiedene Stoffe aus dem Laden seines Vaters, reitet nach *Foligno* und verkauft dort die Tücher samt Pferd. Er möchte damit *San Damiano* renovieren. Aus Furcht vor Franziskus' Vater nimmt es der dortige Priester nicht an, gewährt ihm aber zumindest, dort zu bleiben. Man kann sich die Reaktion des Vaters vorstellen, der die Veränderung und das Treiben seines Sohnes sicherlich schon länger beobachtet hatte. Franziskus zieht sich zurück. Entzieht sich. Manche sprechen von wenigen Tagen, manche von einem Monat, manche von einer verborgenen Höhle am Fuße des *Monte Subasio*, manche von einer Einsiedelei. So oder so, er zieht sich zurück, um klar zu kriegen, was er will, was Gott von ihm will und wo sich dieses gemeinsame Wollen trifft, was es bedeutet und welche Schritte daraus folgen.

**Ganz nebenbei – Zeit für Entscheidung und Erfahrung**

Wie gesagt – die Länge von Franziskus' Rückzug ist nicht genau überliefert: Vielleicht war es ein Monat. Mehr oder weniger 30 Tage. Ein paar Jahrhunderte später wird der heilige Ignatius, Gründer des Jesuitenordens, Exerzitien (geistliche Übungen) für den Zeitraum von 30 Tagen „entwerfen". In der Bibel hören wir, dass Jesus 40 Tage in der Wüste war, bevor er getauft wurde und öffentlich aufgetreten ist. Diese Zeit spiegelt sich heute in der österlichen Bußzeit, der Fastenzeit als Vorbereitungszeit auf Ostern, wider. Und es wird erzählt, dass Jesus 40 Tage lang den Menschen nach seiner Auferstehung erschienen ist, bevor er in den Himmel auffuhr. 40 Tage brauchen die Jünger und Jüngerinnen vielleicht, um so langsam zu verstehen, was da mitten unter ihnen geschehen ist.

30 oder 40 Tage. Wie auch immer. Es scheint, dass wir für manche Entscheidungen, für manche Erfahrungen, für mache Erkenntnisse Zeit brauchen, und es scheint, dass 30 oder 40 Tage ein guter und erprobter Zeitraum sind, um sich zu besinnen und zu entscheiden. Vielleicht auch für Franziskus.

Franziskus geht nach Assisi zurück. Es ist für uns heute wahrscheinlich nur schwer vorstellbar, in welchem Zustand er zurückkommt. Wie man aussieht und riecht, wenn man tage- oder sogar wochenlang alleine, zurückgezogen, vielleicht sogar in einer Höhle haust. Aber man kann sich vorstellen, wieviel Menschen den Rückkehrer wahrscheinlich für verrückt halten. Sein Vater Pietro greift ihn auf und sperrt ihn mehrere Tage in einem Keller ein. Er möchte seinen Sohn zur Besinnung bringen, notfalls mit Gewalt. Während einer Abwesenheit des Vaters lässt ihn die Mutter Giovanna frei. Wir erinnern uns an unsere erste Begegnung mit den Eltern. Deswegen steht die Mutter bis zum heutigen Tag mit diesen losen Ketten dort (S. 26).

## Vor dem Bischof

Franziskus geht zurück nach *San Damiano*. Als der Vater nach Assisi zurückkehrt, tobt er dermaßen, dass er den eigenen Sohn kurzerhand bei den städtischen Konsuln anklagt, denn ungehorsame Söhne können der Stadt verwiesen werden. Vielleicht möchte Pietro, wenn er seinen Sohn schon nicht zur Besinnung bringen kann, die öffentliche Schande nicht vor Augen haben. Franziskus wird einbestellt, aber folgt der „Einladung" nicht. Deshalb wird der Familienfall „Bernadone" vor den Bischof gebracht, da es sich ja um ein religiöses „Problem" handelt.

Für den weiteren Verlauf begeben wir uns an den Ort der öffentlichen Gerichtsverhandlung, d. h. auf die *Piazza del Vescovado* vor die Kirche *Santa Maria Maggiore*. Hier, vor oder wahrscheinlich eher im Bischofspalais, wird öffentlich, was sich so lange im Stillen und in vereinzelten Situationen und Begegnungen angebahnt hat. Bischof Guido I., der damalige Bischof von Assisi, war Franziskus wohlgesonnen. Er redet dem Vater ins Gewissen, als dieser alles zurückfordert, was Franziskus „verschleudert" hat. Er rät dem Sohn, dem Vater alles zurückzugeben, da er es vielleicht auf unrechte Weise erworben hat, und er meint, dass sich die Wut des Vaters dann sicherlich legen wird. Ob irgendjemand der Anwesenden ahnt, was jetzt passieren wird? Franziskus zieht sich kurz zurück und erscheint nackt vor dem Bischof, seiner Familie und der Versammlung. Er gibt seine Kleider – und somit alles, was er besitzt – seinem Vater zurück und sagt sich so auch los von ihm.

Er verzichtet damit auf Besitz und auf Erbe. Es wird erzählt, dass er dabei gesagt haben soll: „Hört alle und versteht. Fortan sage ich nicht mehr Vater Pietro di Bernadone, von nun an sage ich nur noch: ‚Unser Vater im Himmel'." (vgl. Gef 20)

Erinnern wir uns an das Fresko, das die Begegnung mit Christus am Kreuz von *San Damiano* (S. 54) erzählt. Franziskus war damals noch im wahrsten Sinne des Wortes „gut betucht" und begegnete einem entblößten Christus. Nun folgt er diesem nach. Bischof Guido I. bedeckt ihn anschließend mit seinem Mantel.

**Ganz nebenbei – Die Blickrichtung auf Gott**

Wenn Sie das nächste Mal in der Oberkirche von *San Francesco* sind, achten Sie auf das Fresko neben *San Damiano*. Dort werden Sie unsere jetzige Szene finden und einen Franziskus, der Kleidung und Blickrichtung wechselt. Er schaut nicht mehr auf den irdischen Vater, der ihm gegenübersteht, sondern blickt schräg nach oben in Richtung des himmlischen Vaters, dessen segnende Hand dezent zwischen den Wolken hervorkommt. In der Tat, der Unterschied zwischen den beiden „Vätern" könnte kaum größer sein. Der irdische will den Sohn festhalten. Er verwechselt Liebe mit Besitzen, er kann nicht loslassen. Der Vater im Himmel hingegen offenbart sich sehr dezent und zurückhaltend, sodass man ihn fast übersehen könnte. Glauben heißt eben auch, in freier Entscheidung die Blickrichtung zu ändern. Darin ist Franziskus wiederum Abraham ähnlich, zu dem er hinaufschaut und der ebenfalls den Blick zur segnenden Hand Gottes gerichtet hat. Beide erfahren jetzt, was Verheißung und Opfer bedeutet. Auf ihre je eigene Weise. Beide, Abraham und Franziskus, sie brechen auf, ziehen los auf einen Weg in neues und unbekanntes Land, aber mit dem Blick auf Gott gerichtet, der das Ziel ist.

## ZUM NACHDENKEN UND BETEN

### Damals auf der Piazza

Doch wir sind noch hier. Am Ort des Geschehens. Und diesen wollen wir lebendig werden lassen. Betrachten Sie nochmals vor Ihrem inneren Auge, was hier geschehen ist. Stellen wir uns vor, dass sich die Szene hier vor dem Bischofpalais auf dem offenen Platz abspielt. Dann wären hier sicherlich viele Menschen zusammengekommen. Franziskus und seine Familie sind stadtbekannt und so ein Skandal lockt viele Neugierige an.

Wer war aller hier? Franziskus, der Vater, die restliche Familie, der Bischof, vielleicht auch die Konsuln und verschiedene andere Menschen aus der Stadt: Reiche, Arme, Adlige. Sie alle haben ihre eigenen Gründe, hier zu sein.

Wo stehen diese Menschen hier auf diesem Platz? Was tun die Einzelnen? Wie alt sind sie? Wie geht es ihnen? Vorher und nachher? Warum sind sie hier?

**Impuls**

*Wenn Sie* ***alleine*** *unterwegs sind: Gehen Sie den Platz ab. Suchen Sie die einzelnen Rollen, Haltungen und Gesichtsausdrücke für sich, um die Geschichte innerlich und äußerlich lebendig werden zu lassen.*

*Wenn Sie* ***mit einer Gruppe*** *unterwegs sind: Tauschen Sie sich über Ihre Vorstellungen und Ideen aus. Dann kann sich jeder und jede an einen der Orte der Geschichte stellen und die Haltung einer Person ihrer bzw. seiner Wahl einnehmen. Diese kann in der Geschichte explizit genannt sein oder jemand sein, der einfach aus Assisi hier dazugekommen ist. Überlegen Sie, wie diese Person da ist: sitzend, liegend, stehend? Wie ist ihre Haltung, ihre Gestik, ihr Gesichtsausdruck? Wem ist sie zugewandt oder vielleicht auch abgewandt?*

*Eine Person geht dann herum und fragt jede und jeden einzeln, wer sie oder er ist und nach dem Befinden. Danach bedankt sie sich bei allen und sagt, dass sie ihre Rollen wieder verlassen dürfen.*

# Kein zweites Hemd und keine Schuhe

*San Francesco/Unterkirche*

## GESCHICHTE UND GESCHICHTEN

### Der Höchste selbst zeigt den Weg

Der erste Schritt ist getan, aber das heißt ja meist nicht, dass alles deswegen klar war und ist. Franziskus, Mitte zwanzig, bleibt ein Suchender und Ringender. Was will dieser Gott von ihm und seinem Leben?

Später wird er in seinem Testament schreiben: Niemand zeigte mir, was ich tun soll. Der Höchste selbst hat mir den Weg gezeigt (vgl. Test 14). Jetzt aber sucht er noch nach einem Auftrag. Zuerst verlässt er Assisi. Er wird dort verlacht und verachtet und geht nach *Gubbio*. Kommt aber bald zurück. Er lebt unter den Armen und pflegt Aussätzige. Und er beginnt mit den Armen, die in der Umgebung leben, *San Damiano* zu restaurieren – wie er es schon früher wollte. Und danach eine weitere Kapelle, die ihn in seinem weiteren Leben auch noch begleiten sollte. Ein kleines Kirchlein, das im Tal an der wichtigsten Ausfallstraße zwischen *Spoleto* und *Perugia* steht: Sie ist Maria und den Engeln geweiht. (Wir werden die *Portiuncula*, Latein für „kleiner Flecken Land", wie sie volkstümlich heißt, noch besuchen, S. 84, und S. 103)

### Berufung

Hierzu sei gesagt, dass wir heute nicht wissen, ob das nun folgende Berufungserlebnis in der *Portiuncula*-Kapelle geschehen ist. Die Nachwelt neigt dazu, Orte aus einem Sicherheitsbedürfnis und anderen Motivationen heraus zu benennen und wissen zu wollen. Vielleicht hat sich das Folgende in der *Portiuncula* abgespielt, vielleicht auch so oder ähnlich an einem anderen Ort. So oder so: Irgendwas hat unseren Assisianer ergriffen.

Nach zweijährigem Suchen und Ringen wird Franziskus vielleicht dort – wahrscheinlich am Apostelfest des hl. Matthias 1208 – etwas für ihn Entscheidendes hören. Er geht im Einsiedlergewand gekleidet, mit Schuhen an den Füßen, einem Stab in der Hand und einem Riemen umgürtet zur Messe und hört von der Sendung der Apostel (Mt 10,7–14 oder Lk 10,3–11):

**Aus dem Matthäusevangelium**
Geht und verkündet: Das Himmelreich ist nahe!
Heilt Kranke, weckt Tote auf, macht Aussätzige rein, treibt Dämonen aus! Umsonst habt ihr empfangen, umsonst sollt ihr geben.
Steckt nicht Gold, Silber und Kupfermünzen in euren Gürtel! Nehmt keine Vorratstasche mit auf den Weg, kein zweites Hemd, keine Schuhe, keinen Wanderstab; denn wer arbeitet, ist seines Lohnes wert.
Wenn ihr in eine Stadt oder in ein Dorf kommt, erkundigt euch, wer es wert ist, euch aufzunehmen; bei ihm bleibt, bis ihr den Ort wieder verlasst.
Wenn ihr in ein Haus kommt, dann entbietet ihm den Gruß. Wenn das Haus es wert ist, soll euer Friede bei ihm einkehren. Wenn das Haus es aber nicht wert ist, dann soll euer Friede zu euch zurückkehren.
Und wenn man euch nicht aufnimmt und eure Worte nicht hören will, geht weg aus jenem Haus oder aus jener Stadt und schüttelt den Staub von euren Füßen!
Mt 10,7–14

Was so herausfordernd klingt, hat auch schon früher andere Gründer von Armutsbewegungen ergriffen und ergreift nun Franziskus. Sechs Jahre ist es nun her, dass er gefangengenommen wurde und Schatten, Zweifel und Suchen zu seinen ständigen Begleitern wurden. Nun hört er dieses Evangelium, hört dem dortigen Priester zu und antwortet begeistert: „Das ist es, was ich mit allen Kräften zu erfüllen wünsche!" (Gef 25,3)

Endlich hat er eine Antwort bekommen. Endlich ist sie zu ihm gekommen.

Franziskus trug ein einfaches Gewand als Zeichen der Armut

Sogleich legt er die Eremitenkleidung ab, macht sich ein schlichtes Gewand, tauscht den Gürtel gegen einen Strick und verschenkt seine Schuhe. In der Unterkirche von *San Francesco* sehen wir heute noch in der vordersten rechten Seitenkapelle das Gewand von Franziskus. Es drückt äußerlich die Einfachheit und Armut aus, für die sich Franziskus entschieden hat.

Das Leben, das er nun schon eine ganze Zeit lang führt, wird für ihn bestätigt, verstärkt und mit einem neuen Auftrag gefüllt. Er bettelt von nun an nicht mehr um Baumaterial, um Kapellen zu renovieren. Er kehrt tagsüber zurück nach Assisi als Zeuge und Prediger des lebendigen Evangeliums. Er setzt sich zu den Armen, predigt in den Gassen und auf den Plätzen von Umkehr und stiftet Frieden zwischen Streitenden. Er ist wieder in seiner Stadt, hat sein altes Feuer und seine Fröhlichkeit wiedergefunden. Nun kommt es dem Kaufmannssohn zugute, dass er gelernt hat, Menschen anzusprechen und für etwas zu werben. Nachts zieht er sich aber zurück in die Ebene bei der *Portiuncula*.

Zur Überraschung von Franziskus: Nur zwei Monate später kommen zwei Männer aus angesehenen Familien zu ihm und wollen ihm folgen: Bernardo da Quintavalle und Pietro Cattani. Nach kurzer Zeit folgt der Handwerkersohn Egidio. Die Männer verkaufen ihr Hab und Gut, geben es den Armen und folgen Franziskus, was in Assisi natürlich Zwiespalt hervorruft. Erst vor kurzem war die Revolution in der Stadt, dann der Krieg gegen *Perugia*. Die Ständegesellschaft wurde vor nicht langer Zeit neu ausgehandelt und gefestigt. Adel und Geld bestimmten Rang und Leben. Es ist auch nicht vorgesehen, dass jemand darauf einfach freiwillig verzichtet. Es ist auch nicht vorgesehen, dass man freiwillig „absteigt". Manche sehen die Ordnung der Stadt und generell des Lebens durch Franziskus, sein Zeugnis und seine neuen Anhänger bedroht.

**Ganz nebenbei – Pace e Bene, Pax et Bonum, Frieden und Heil**

Diesen Gruß liest und hört man in der Umgebung der franziskanischen Ordensgemeinschaften nicht selten. Sehr wahrscheinlich geht dieser nicht auf Franziskus selbst zurück. Was man aber sagen kann: Mit Blick auf das obenstehende Evangelium ist es vielleicht die kürzeste Zusammenfassung von diesem. Einerseits sich den Menschen in all ihren Nöten, Leiden und Schwächen zuzuwenden. In der konkreten Begegnung zu helfen und darin ein Werkzeug für Gott zu sein, darin ein Beispiel zu sein, dass Gott es gut mit uns Menschen meint und unser Heil will: *Bene* – *Bonum* – Heil. Und das Zweite, ist den Menschen in Frieden zu begegnen. Ihnen diesen zu wünschen und vorzuleben. Dies soll die christliche Grundhaltung sein in allen Begegnungen und Beziehungen: *Pace* – *Pax* – Frieden.

Hausmauer in Assisi: Pax et Bonum – Frieden und Heil

## ZUM NACHDENKEN UND BETEN

### Das Evangelium leben

Franziskus hört das Evangelium und möchte genauso leben. Er möchte die frohe Botschaft leben und verkünden. In die Dörfer und Städte tragen. Den Armen und Aussätzigen beistehen. Die Bedürftigkeit der Menschen wahrnehmen und ihnen darin Bruder und Mitmensch sein. Frieden leben und verkünden. Das Reich Gottes verkünden, wie die Jünger Jesu es damals taten.
Und obwohl das nach damaligen und heutigen Maßstäben sehr unattraktiv klingen musste, gab es Menschen, die dieser Botschaft mehr glaubten als dem, was die Gesellschaft sagte und vorgab.

Für viele damals und heute klingt das alles sehr radikal, vielleicht auch ein wenig naiv. Vielleicht ist es das auch. Aber was ist falsch daran, das Evangelium nicht nur als fromme Worte anzusehen, als Kuscheldecke im Gottesdienst, sondern damit ernst zu machen, so dass es eine Resonanz und Konsequenz für das Leben hat?

Frère Roger (1915–2005), der Gründer von Taizé, sagte einmal: „Lebe, was du vom Evangelium begriffen hast, und sei es noch so wenig. Aber lebe es!" Nichts anderes hat Franziskus gemacht. Er hat genau das, was er begriffen hatte, in seinem Leben umgesetzt.

**Ganz nebenbei – Franziskus und seine Berufung**

Es gibt mehrere Punkte im Leben von Franziskus, an denen man von „Berufungserlebnissen" sprechen könnte, so z. B. das Gebet vor dem Kreuz von *San Damiano* oder auch das Hören des Evangeliums von der Aussendung der Jünger. All diese Situationen haben ihm geholfen, seinen Weg zu finden. Aber eines ist dabei auch wichtig zu bedenken: Diese Ereignisse haben seinen Blick auf die Welt, auf die Menschen und auf Gott verändert, aber nicht sein Wesen als Mensch.

Manchmal stellen wir uns „Berufung" so vor, dass uns etwas trifft wie ein Blitz, und dann sind wir völlig andere Menschen. Frömmer, besser, mit weniger Zweifeln. Aber das stimmt nicht. Auch an Franziskus kann man das erkennen. Als junger Mann war er ein fröhlicher Geselle, hat gerne gefeiert und ist durch die Straßen gezogen. Später, nach seiner sogenannten Berufung, ist er noch genauso dieser fröhliche, dem Leben zugewandte Mensch. Das zeigt sich zum Beispiel, wenn in der Drei-Gefährten-Legende erzählt wird, wie Franziskus mit zwei Ästen wie auf einer Geige spielte und dazu fröhlich sang (vgl. 2 Cel 127). Er blieb dieser lebenslustige Geselle und hat weiterhin gefeiert und ist umhergezogen, auf seine Art. Was wir „Berufung" nennen, verändert nicht unser Wesen, sondern unseren Blick auf die Welt und unsere Ausrichtung auf Gott hin.

**Impuls**

*Nehmen Sie sich jetzt auch Zeit für dieses Evangelium. Suchen Sie einen ruhigen Ort und beten Sie damit. Und keine Angst: Sie müssen deswegen nicht gleich alles verkaufen oder Franziskaner oder Franziskanerin werden. Aber wer weiß? Es geht um die Frage:*
Was hat das Evangelium in meinem Leben für eine Resonanz und Konsequenz?

## Bibelbetrachtung

*Nehmen Sie sich ruhig 20 bis 30 Minuten für die folgende Übung. Atmen Sie mehrmals tief ein und aus, machen Sie ein Kreuzzeichen und beten Sie.*

Hier bin ich, Herr.
Vor Dir. Mit Dir.
Schenke mir Ruhe und Weite für Dein Wort,
für Deine Stimme und Dein stilles Mitgehen.
Komm mir entgegen,
wo ich nicht weiterkomme.
Und nimm mich an der Hand,
wo ich unsicher bin.
In Vertrauen und Hoffnung.
Amen

*Lesen Sie nun die Bibelstelle (S. 63) und schließen Sie die Augen. Stellen Sie sich die Szene vor, wie Jesus zu seinen Jüngern spricht – die Landschaft und die Menschen, die dabei sind. Stellen Sie sich einfach dazu, hören Sie zu und stellen Sie sich vor, wie die Jünger aufbrechen. Meditieren Sie die Einzelheiten, die gesagten Worte oder auch das Gesamtbild des Geschehens.*

Wo bleibe ich hängen? Was spricht mich an? Wo spüre ich Widerstände? Was hat das alles vielleicht auch mit meinem Leben zu tun oder möchte damit zu tun haben?

*Kommen Sie dann innerlich für einige Minuten mit Gott ins Gespräch. Über das, was Ihnen aufgegangen ist, was Sie fragend zurückgelassen hat oder was Sie irritiert hat. Sprechen Sie mit ihm wie mit einem Freund oder einer Freundin über Ihre Dankbarkeit, Ihren Ärger, Ihr Verständnis und Ihr Unverständnis.*

*Beten Sie zum Abschluss ein Vaterunser.*

Was hat sich bei mir getan und was bedeutet es?

# Nachfolge: eine kleine Gemeinschaft entsteht

*San Francesco/Oberkirche*

## GESCHICHTE UND GESCHICHTEN

### Unterwegs mit den Gefährten

Franziskus' kleine Gemeinschaft wächst. Zuerst sind sie zu viert, dann zu acht. Sie verlassen Assisi, das ihnen zunehmend feindselig gegenübersteht. Sie verlassen damit aber auch den Schutz von Bischof Guido I., der dieser aufkeimenden Bewegung zugewandt ist.

Überhaupt wird es so sein, dass die beiden Bischöfe Assisis, mit denen Franziskus zu tun hat, eine unverzichtbare Rolle in der Unterstützung seines Vorhabens spielen, was durch die neueste Forschung noch bekräftigt wird.

Die Brüder gehen ins Rietital. In den nächsten Jahren und Jahrzehnten werden in dieser Gegend an den wunderschönen Berghängen franziskanische Eremitagen entstehen wie *La Foresta, Fontecolombo* und auch *Greccio*. Letzteres wird vor allem dafür bekannt werden, dass Franziskus dort viele Jahre später das Weihnachtsfest in ganz besonderer Weise gefeiert haben wird (S. 163).

Die kleine Gemeinschaft bleibt aber nicht einfach dort. Sie ziehen zu zweit oder zu dritt umher, um in den Städten und auf den Marktplätzen das Evangelium zu predigen und zu leben. Sie nehmen die Aussendung der Jünger so ernst wie den Auftrag, allen Menschen, ja, der ganzen Schöpfung das Evangelium zu bringen. Die kleine Schar erfährt dabei aber nicht nur Offenheit, sondern auch viel Spott und Ablehnung und sie setzt sich einer neuen Gefahr aus. Sie sind nicht die einzige Armutsbewegung und nicht die einzigen Wanderprediger, z. B. gab es auch die Katharer oder die Waldenser, die als Ketzer von der Kirche gebrandmarkt und verfolgt wurden. Dies könnte Franziskus und seinen Anhängern durch ihre radikale Nachfolge und ihre öffentlichen Predigten auch geschehen.

## Weg zur päpstlichen Anerkennung

Nach Ostern 1209 macht sich Franziskus, inzwischen mit elf Anhängern, auf den Weg nach Rom, um eine päpstliche Anerkennung zu bekommen. Mit Bischof Guido I. als Fürsprecher vor Ort kommt es zu einem Treffen mit dem damaligen Papst Innozenz III. Dieser prüft das Anliegen und erteilt der Gemeinschaft seinen Segen und das Recht, *ad experimentum* das Evangelium lebenspraktisch zu predigen. Zwar ist das noch keine schriftliche Anerkennung, aber doch ein erster, wichtiger Schritt. Franziskus

Kapelle *San Francesco a Ripa* in Rom – hier hat Franziskus während seines Aufenthalts in Rom gewohnt

verspricht seine Loyalität zur römischen Kirche, verpflichtet seine Brüder zum Gehorsam dem Papst gegenüber und lässt ihnen die Tonsur schneiden, womit sie sich den Ortsbischöfen unterstellen. Bis der junge Orden approbiert, d. h. anerkannt, sein wird, wird es noch ein paar Jahre dauern, aber sie nennen sich ab jetzt *fratres minores*, mindere Brüder.

Jahrzehnte später wird die Geschichte ihre Kreise ziehen, dass der Papst vor seinem Treffen von einem armen Bruder geträumt haben soll, der die vom Einsturz bedrohte Kirche stützt.

Diese Legende wird allerdings auch von den Dominikanern, die auch in diesen Jahren gegründet wurden, in Anspruch genommen.

**Ganz nebenbei – Laterankirche in Rom**

Wenn sie in Rom heute vor dem *Lateran* stehen, werden sie gegenüber dem Haupteingang in einiger Entfernung auf der anderen Straßenseite „Franziskus" finden. Eine große Figurengruppe mit einigen seiner ersten Brüder und ihm, wie er mit erhobenen Händen stützend dem *Lateran* gegenübersteht.

Franziskusfigur vor der Kirche *San Giovanni in Laterano* in Rom

## ZUM NACHDENKEN UND BETEN

### Baustelle Kirche

Gehen wir zurück in die Oberkirche von *San Francesco* und vervollkommnen wir unseren Blick auf das zweite Joch und schauen auf das dritte Fresko, das genau diesen legendenhaften Traum erzählt, von dem wir zuletzt gesprochen hatten. Der kleine Bruder aus Assisi ist es, der den Einsturz der Kirche verhindern kann. Wer Rom kennt, kann darin den *Lateran*, den damaligen Sitz des Papstes, erkennen. Der Maler hat das bewusst ins Bild gebracht.

Franziskus stützt die Kirche von innen. Er steht in der einstürzenden Kirche, bleibt nicht draußen stehen, vielleicht noch mit klugen Ratschlägen, was die anderen doch anders oder besser machen sollten. Er stützt die Kirche von innen, durch seine eigene Person. An der Stelle sei die Frage erlaubt: Warum tut er das eigentlich? Warum tut er sich diesen Stress an? Es ist ja nicht immer ein reines Vergnügen mit dieser einstürzenden Kirche …

Der Traum des Papstes: Franziskus stützt die Kirche

Die Antwort findet sich wohl in einem Blick zurück auf seine Erfahrung in der kleinen Kapelle von *San Damiano*. Dort erlebt Franziskus die Kirche als Baustelle, Ruine, einsturzgefährdet, geprägt von der Fehlerhaftigkeit und Begrenztheit der Menschen. Die Kirche als Baustelle, das gilt durch alle Zeiten hindurch – nicht erst heute.

Was tut Franziskus nun? Er geht hinein in diese Baustelle Kirche und macht dort diese unerwartete Erfahrung: Ja, Gott ist drinnen in dieser Baustelle, auch wenn sie nicht sehr einladend daherkommt. Es lohnt sich hineinzugehen, etwas genauer hinzuschauen und sich vom Blick Gottes berühren zu lassen. Und noch etwas anderes wird Franziskus hier bewusst: „Eine Baustelle, das ist ja auch mein eigenes Leben. Auch da geht öfter etwas schief, stürzt manches zusammen, bleibt einiges bruchstückhaft und unvollendet", denkt er sich vielleicht.

Doch das ist nicht entscheidend, Franziskus versteht, worum es wirklich geht: „Ja" zu sagen zu sich selbst und gerade auch zu dieser Baustelle des eigenen alltäglichen Lebens, immer wieder hineinzugehen und diese Baustelle „Leben" von innen her zu gestalten. So wie Franziskus diese kleine Kapelle wieder aufbaut, Tag für Tag, Stein für Stein – den Weg der kleinen Schritte gehen. Das ist nicht immer amüsant, es kostet manchmal Mühe, aber es lohnt sich. Baustelle Kirche, Baustelle Leben – es lohnt sich, ganz bewusst hineinzugehen. Gott ist schon drinnen, auch wenn es einem selbst nicht immer bewusst ist. Das lernt Franziskus hier in der Baustelle von *San Damiano*.

**Impuls**

*Fragen für eine persönliche Besinnungszeit und eine Austauschrunde können sein:*

Wie geht es mir mit der Baustelle Kirche heute? Sehe ich mich drinnen oder draußen? Wieviel Fehlerhaftigkeit und Baustellencharakter lasse ich zu? Oder träume ich von einer *societas perfecta*, einer perfekten Gesellschaft ohne Fehler? Was mag ich an der Gemeinschaft der Kirche?

→ *Ein Ort des Anfangs – Rivotorto (S. 157)*

# Geistliches Fundament

*San Francesco/Unterkirche*

## GESCHICHTE UND GESCHICHTEN

### Krippe – Passion – Eucharistie

Verweilen wir noch ein wenig in *San Francesco*.

Was ist Franziskus in all diesen Jahren wichtig? Was ist sein Fundament, auf und aus dem er lebt, glaubt und hofft? Auch hier zeigt sich seine Verortung nicht neben, sondern mitten im Glauben und Hoffen der römischen Kirche.

Neben der Betrachtung des Leidens Jesu und dem Blick auf den Auferstandenen, den Franziskus besonders vor dem Kreuzbild von *San Damiano* erlebt, spielt das Geheimnis der Menschwerdung Gottes, der Geburt Jesu, in seinem geistlichen Leben eine zentrale Rolle. Eng verknüpft mit der Verehrung der Eucharistie, der bleibenden Gegenwart Gottes in den einfachen Zeichen von Brot und Wein. Über kein Thema spricht Franziskus in seinen Schriften so häufig wie über die Eucharistie; er nennt sie „das Sakrament der Demut Gottes".

Vielleicht kann man es so herum betrachten: Er lebt und sucht in der Eucharistie, dem Mahl am Tisch des Herrn, immer neu die Zuwendung Gottes, die sich besonders in der Menschenwerdung, im Leben Jesu, seiner Passion und Hingabe zeigt.

Dieser Dreiklang findet sich auch in der Spiritualität Klaras wieder (S. 125). Dieser Gott, der bis zu seinem Äußersten auf den Menschen zugeht. Und genau das lebt Franziskus auch mit den Menschen. Er geht bis zum Äußersten, bis zu den Äußersten, die am Rand standen. So wie Gott Mithoffender, Mitlebender, Mitleidender wird, wird es Franziskus auch.

Franziskus' christozentrisches Fundament ist baulich in der Unterkirche von *San Francesco* beeindruckend umgesetzt. Begeben wir uns dorthin und bleiben wir vor dem Altar stehen.

Wenn Sie nun nach rechts schauen, finden Sie an den rundgewölbten Wänden vor der Seitenkapelle Fresken aus der Schule Giottos, die farbenfroh von der Menschwerdung Jesu erzählen,

Die Gestaltung der Unterkirche offenbart Franziskus' geistliches Fundament

von der im Bogen schon angesprochenen Verkündigung (S. 46), über Geburt und Krippe, Anbetung der Weisen aus dem Morgenland, hin zu den Kindesjahren Jesu.

Dazu gibt es auch noch Heilungswunder, die Franziskus zugesprochen werden. Vielleicht haben diese oben keinen Ort mehr gefunden. Vielleicht sind sie auch bewusst hier, wo es um die Kindheitsgeschichte Jesu geht, weil es Heilungsgeschichten rund um Kinder sind.

Wenn Sie vor dem Altar nach links schauen, finden Sie in dem Rundgewölbe und an den Wänden die Passionsgeschichte: den Einzug in Jerusalem, Abendmahl, Verleugnung, Kreuzigung und bis hin zur Auferstehung. Nicht weniger farbenfroh und von enormer Ausdruckskraft. Gemalt von dem aus Siena stammenden Pietro Lorenzetti. Vor allem die riesige Kreuzigung auf der rechten Seite, die als erste volkreiche Kreuzigungsszene der neuzeitlichen abendländischen Malerei (ca. 1320) gilt. Aber auch die bewegende Kreuzabnahme und die Menschen, die sich darin einander und dem Verstorbenen zuwenden.

Und dazwischen? Zwischen Krippe und Kreuz? Der Altar. Der Ort, wo tagtäglich die Eucharistie gefeiert wird. Heilige Messe. Gegenwart Gottes in Brot und Wein.

Hier, direkt über dem Grab von Franziskus, erstreckt sich sein geistliches Grundprogramm. Sein Prinzip und Fundament.

## ZUM NACHDENKEN UND BETEN

### Die Botschaft Jesu

Und die Botschaft darin? Gott wendet sich uns zu: Er wird Mensch, lebt, liebt, geht in den Tod und in die Auferstehung. Gott bleibt nicht bei sich, sondern wird Mensch unter Menschen. Und er zeigt sich im Kleinen, im Einfachen, in einem Schluck Wein und einem Bissen Brot. Ich muss mich nicht anstrengen, Gott zu finden. Er kommt mir ganz einfach entgegen.

**Impuls**

*Nehmen Sie sich Zeit für die Fresken. Achten Sie einfach darauf, was Sie anspricht. Farben, Menschen, Gesten, Zuwendung … Und lesen Sie dort auch die folgenden Impulsfragen und -worte. Nehmen Sie sich Zeit dafür und achten Sie darauf, was in Ihnen ausgelöst wird.*

*Vielleicht auch erst anschließend auf einem gemeinsamen Spaziergang oder bei einem Cappuccino.*

*Zur Menschwerdung*

Was bedeutet mir die Menschwerdung, die Geburt Jesu? Wie feiere ich heute das Fest der Menschwerdung? Wie sieht mein heutiges Weihnachtsbild aus?

### Sternsekunde

Haben wir das nicht alle schon erlebt?
Diese unentwegte Suche.
In allen Himmelsrichtungen.
Sich völlig falsch zu fühlen,
tief abgedunkelt und verirrt,
völlig versumpft im Zweifel haften.

Haben wir das nicht alle schon erlebt?
Dieses unverhoffte Gefundenwerden.
Den Sternenglanz, der das Herz flutet.
Ganz ohne Reich und Tum und Krone
und doch golden und erfüllt bis obenhin!
Sich plötzlich so unerhört nahe zu fühlen.

Haben wir das nicht alle schon erlebt?
Mühelos verloren zu gehen
und liebevoll gefunden zu sein
und, sei es nur für eine Sternsekunde lang,
genau zu wissen,
dass Weihnachten ist.

*Zur Passion*
Hat Jesu Tod für mich eine Relevanz? Und was bedeutet mir die Erzählung der Auferstehung? Oder ist das alles für mich nur Vergangenes?

## Spiegelbilder

Diese Geschichte ist ein Spiegel.
Sie erzählt von einer Passion.
Damit zu leben und zu sterben.
Und Vergangenes und Zukünftiges spiegeln sich darin.
Ich sehe darin meine einsame Hoffnungslosigkeit,
den in mir schlummernden Abgrund
und meine mögliche Liebe.

Was siehst du darin?

*Zur Eucharistie*
Ist Eucharistie für mich Gegenwart Gottes? Hat sie etwas mit Gemeinschaft zu tun? Ist sie vielleicht mehr als Brot (und Wein)?

## Nicht vom Brot allein

Nicht vom Brot allein,
sondern von jedem Wort,
dem voller Leichtigkeit,
schwebend zwischen zwei Kaffeetassen,
im „Endlich-Wieder",
das Herzen tiefer schlagen lässt,
genauso dem stillen, voller Mitleid
vor einem einsam leeren Stuhl
und einer Tasse angefüllt mit Tränen
und verstummter Worte
und natürlich im wundervollen,
notwendigen Wort der Liebe,
das zwischen Berührungen
ohne Sprechen flüstern kann.

Nicht vom Brot allein,
sondern von jedem Wort,
das mich verbindet,
begrüßt, bestärkt
und nie alleine lässt,
weder in leeren Wüsten
noch in tiefen Gräbern.

➔ *Franziskanisch geprägtes Christsein (S. 146)*
➔ *Ein Ort der Menschwerdung – Greccio (S. 163)*
➔ *Franziskus, Christus und die Sache mit dem Kreuz (S. 151)*

# Der Orden wächst, Franziskus zieht sich zurück

*Vorplatz San Francesco*

## GESCHICHTE UND GESCHICHTEN

### Nachfolge

Die Gemeinschaft um Franziskus wächst rasch. Der Blick in die weite Ebene vom Vorplatz aus ist vielleicht ein ganz gutes Zeichen dafür. Immer mehr Männer schließen sich ihm und seinem einfachen Leben nach dem Evangelium an. Immer weiter breitet sich der Orden aus. Und nicht nur die Gemeinschaft der Brüder wächst.

Nach schon früheren Kontakten beschließt die junge Adelige Klara, sich Franziskus anzuschließen. In der Nacht des Palmsonntags 1212 flieht sie aus dem Wohnturm ihrer Familie und der Sicherheit der Stadt hinab in die Ebene zur *Portiuncula*. Dort werden ihr die Haare abgeschnitten, sie legt ihr Adelsgewand ab und eine Tunika aus grobem Stoff an. Auch sie folgt Franziskus nach, aber auf eigene Weise. Nach Zwischenstationen bei verschiedenen Schwestern folgen auch ihr schnell erste Mitstreiterinnen. Sie lässt sich mit ihnen in *San Damiano* nieder und auch dort wächst die Gemeinschaft. Nicht so schnell, wie die der Brüder, aber innerhalb weniger Jahre werden um die fünfzig Frauen dort im franziskanischen Geist leben und auch an anderen Orten in Italien und über die Grenzen dessen hinaus gibt es Frauen, die Klara und Franziskus folgen.

Bereits 1216 gibt es über ganz Italien verteilt weit mehr als tausend Brüder. Die Faszination für das einfache Leben nach dem Evangelium ergreift Freunde, Verwandte und Bekannte aus Assisi, aus ganz Italien, bis hin zu Mitarbeitern des Papstes, die ihre Karriere hinter sich lassen und zur einfachen Kutte der *fratres minores* greifen.

**Ganz nebenbei – Papst Franziskus**
Die Faszination für Franziskus, seinen Weg der Nachfolge und seinen Blick auf die Menschen und die Welt wirkt bis heute auf unterschiedlichste Weise nach. Papst Franziskus, selbst nicht dem Franziskanerorden, sondern dem Jesuitenorden zugehörig, hat sich nach seiner Papstwahl bewusst so genannt. Er hat erzählt, dass bei seiner Wahl der emeritierte Erzbischof von *São Paolo* Kardinal Claudio Hummes neben ihm saß, ihn nach seiner Wahl beglückwünschte, umarmte und sagte: „Vergiss die Armen nicht!" Er dachte anschließend, Franziskus von Assisi war ein Mann, der die Armen liebte, der Frieden stiftete und einer, der die Schöpfung liebte. In diesem Geist möchte er sein Pontifikat gestalten und so kam es, dass er sich den Namen „Franziskus" gab.

## Notwendige Strukturen

Im Frühjahr 1217 wird deswegen ein Pfingstkapitel, eine Versammlung der Brüder, einberufen. Italien wird dort in sechs Provinzen aufgeteilt, es werden Provinzialminister eingesetzt und die Brüder den Provinzen zugeordnet. Franziskus zeigt sich in diesen Jahren wenig an den organisatorischen Fragen interessiert und bleibt seinem Auftrag, die frohe Botschaft als Wanderprediger zu verbreiten, treu. Er wird in seinem Enthusiasmus selbst bis in den Orient kommen, mit dem Sultan dort sprechen und dadurch auch Vorbild für den interreligiösen Dialog werden.

Und noch etwas verändert sich: Das Kapitel beschließt, die Grenzen der italienischen Halbinsel hinter sich zu lassen, und die ersten Brüder werden bald in Richtung Spanien, Frankreich,

Eine Bronzeskulptur des Heiligen bei *San Damiano*

Deutschland, Marokko, Ungarn und ins Heilige Land aufbrechen. Ohne Vor- und Sprachkenntnisse. Nicht alle Expeditionen werden gelingen und die Brüder werden an vielen Orten alles andere als mit offenen Armen empfangen. Trotzdem: Die Gemeinschaft wächst schnell weiter. Schneller als die Strukturen, die sie hat. 1221 kommt es in der Ebene um die *Portiuncula* zum sogenannten „Mattenkapitel". Augenzeugen sprechen von 3000 bis 5000 Brüdern, die dort mit ihren Matten und Liegen lagern. Franziskus hat die Leitung der Gemeinschaft schon im Jahr zuvor an Pietro Cattani abgegeben, der im Frühjahr 1221 überraschend stirbt. Noch heute findet sich sein Grabstein an der Außenwand der *Portiuncula*-Kapelle.

Die mehrtägige Versammlung wählt einen neuen Oberen, findet eine vorläufige Regelfassung für die Gemeinschaft und organisiert die Struktur- und Leitungsebenen neu.

Alleine das Evangelium so radikal wie Franziskus zu leben, ist schon schwer, aber mit tausenden Brüdern? Es braucht eine Struktur, die nicht so einfach im Evangelium zu finden ist. Die Frage, wie Brüder in den Orden eingeführt werden, stellt sich und letztlich auch die Frage, ob Besitz und Häuser nicht für strukturelle Dinge notwendig sind. Die ursprüngliche Sorglosigkeit und das Vertrauen in das Evangelium und in die Gegenwart Gottes stehen der notwendigen Strukturierung und zukünftigen Absicherung gegenüber. Diese Fragen werden den noch jungen Orden in den kommenden Jahrzehnten weiter begleiten und vor einige Zerreißproben stellen.

Der Orden breitet sich weiter in Europa aus. Auch Doktoren der Theologie kommen hinzu und schaffen so die Grundlage für eigene Ordensschulen. Die Brüder lassen sich anfangs, wie Franziskus selbst, noch stadtnah nieder, später werden sie die Stadt nicht nur besuchen, sondern dort bleiben.

**Ganz nebenbei – Die Vielzahl der Ordensgemeinschaften in der franziskanischen Familie**

Schon an Klara und ihren Mitschwestern wird sichtbar, wie Menschen Franziskus nachgefolgt sind auf je eigene Weise. Über die Jahrhunderte hinweg werden viele Menschen diesem franziskanischen Geist folgen und sich dabei immer wieder die Frage stellen, was Franziskus ursprünglich in seiner Evangeliumsnachfolge wollte, und gleichzeitig, wie dies in der jeweiligen Zeit und unter den jeweiligen Umständen möglich und notwendig ist. Dies führt nicht selten innerhalb der Gemeinschaften zu Zerreißproben und Spaltungen, aber auch immer wieder zu Rückbesinnungen und Neuaufbrüchen. So entstehen nach und nach die Orden der Franziskaner, Minoriten, Kapuziner sowie der Klarissen, Minoritinnen, Kapuzinerinnen, Klarissen-Kapuzinerinnen, Schwestern der Hl. Klara, Franziskanerinnen – in vielfältigen Kongregationen. Und dazu noch viele mehr.

Vorplatz San Francesco

## ZUM NACHDENKEN UND BETEN

### Krankheit und Rückzug

Franziskus ist in diesen Jahren schon schwer krank. Die Krankheit nach seiner Gefangenschaft, das jahrelange radikale Fasten und das schonungslose Unterwegssein haben seinem Körper zugesetzt. Zu seinem bereits erkrankten Darm und einem Milzleiden sind auf seiner Orientreise ein schweres Augenleiden und Malaria dazugekommen. Weiterhin ist er unterwegs, aber er zieht sich auch zurück. Immer wieder. Um zu beten, um bei sich und bei Gott zu sein. Auch hier zeigt sich seine Evangeliums- und Christusnachfolge. Einer dieser Rückzugsorte war *La Verna* unweit von *Arezzo*.

**Impuls**

*Auch wenn Sie nicht nach La Verna gehen: Lesen Sie das entsprechende Kapitel. Die dortigen Erfahrungen von Franziskus und die Gedanken dazu sind die richtigen für diesen Abschnitt Ihrer Reise.*

→ *Ein Ort der Passion – La Verna (S. 167)*

# Die letzten Jahre: Sonnengesang und Sterben

*Portiuncula*

## GESCHICHTE UND GESCHICHTEN

### La Verna

Franziskus hatte wohl nie vor, einen Orden zu gründen. Er will auf seine Weise nach dem Evangelium leben und hat dabei Nachahmer und Mitstreiterinnen gefunden.

Wie es Franziskus wohl ergeht, als er sieht, wie sich „sein" Orden ausbreitet und verändert? Ob er das lebendige Evangelium

Franziskus sitzt bei *San Damiano* und blickt in Richtung *Portiuncula*, Skulptur des Künstlers Fiorenzo Bacci

darin noch sieht und spürt? Wahrscheinlich hadert er damit und mit sich. Inzwischen ist eine Regel für seinen Orden päpstlich bestätigt.

Wir wissen, dass er 1224 eine Zeit in *La Verna*, einer Einsiedelei nordöstlich von *Arezzo*, verbringt (S. 167). Krank, erschöpft, zweifelnd, zurückgezogen. Heute würde man wahrscheinlich auch von einer Art Depression sprechen. Später wird man sagen, er sei gerade dort in dieser Krisensituation Christus noch ähnlicher geworden und habe die Wundmale, die Kreuzeswunden Jesu, empfangen. Wir wissen nicht genau, was dort geschehen ist. Aber nachdem er in *Greccio* (S. 163) dem Weihnachtsgeschehen nahegekommen ist und dieses ihm, tritt er nun irgendwie nahe an die Passion Christi heran und diese an ihn. Keiner wird sagen können, was in *La Verna* tatsächlich mit Franziskus passiert ist. Er selbst wird bis zu seinem Tod darüber schweigen. Aber etwas ist dort passiert. Er verlässt den Berg verändert, versöhnt mit Gott, seinen Brüdern und sich selbst. Die Wundmale können auch als äußere Zeichen eines schmerzhaften, aber heilsamen geistlichen Weges gesehen werden, den Franziskus hier geht.

## Von Krankheit gezeichnet

Er kehrt nach *San Damiano* zurück und wird dort in einer Hütte nebenan Wochen in völliger Dunkelheit verbringen. Die Malaria quält ihn weiterhin, genauso wie seine Milz und sein Augenleiden, durch das er immer lichtempfindlicher wird. Schmerzhafte Behandlungen mit glühenden Eisen, die er schon in der Vergangenheit deswegen über sich ergehen lassen musste, bringen keine Besserung. Der Franziskus, der die Menschen durch seine Fröhlichkeit und Zugewandtheit angesprochen hat, findet selbst oder gerade in dieser Lage neue Möglichkeiten der Kommunikation. Er diktiert Rundbriefe, Geschichten und Gedichte. So entsteht u. a. der Sonnengesang.

## Zum Sterben in die Kapelle

1225 und 1226 wird er schwer krank wieder unterwegs sein. Allerdings immer unter größten Beschwerden und oft gepflegt und gestützt. In Assisi selbst wird er zuletzt im Bischofspalast untergebracht, lässt sich dann in die Ebene zur *Portiuncula* hinabtragen. Gehen wir mit ihm und den Brüdern, die ihn tragen, hinab in die Ebene zur *Portiuncula* (S. 103).

Auf halbem Weg, an der *Villa Gualdi*, wird die Stelle verortet, wo Franziskus ein letztes Mal „seine" Stadt segnet. Diesen Ort, wo so viel für ihn begonnen hat und der Orden immer noch seine Verortung hat.

Aber er möchte unten in der *Portiuncula* sterben und lässt sich auf eigenen Wunsch und in bewusster Erinnerung an seine Geburt dort nackt auf den nackten Boden legen. Bis zuletzt bleibt er der Menschwerdung und der Passion verbunden.

Franziskus stirbt am 3. Oktober 1226 nach Sonnenuntergang.

**Ganz nebenbei – Franziskus und die Schöpfung**

Franziskus wird gerade heute, in Zeiten der Klimakrise, immer wieder als der Heilige im Zusammenhang mit Schöpfungsbewahrung herangezogen und genannt. Es ist kein Zufall, dass Papst Franziskus seine Enzyklika (ein kirchliches Rundschreiben) zum Thema Umwelt und soziale Gerechtigkeit *Laudato si'* (inspiriert vom Sonnengesang) genannt hat. Aber nicht nur wegen dieses wunderbaren Schöpfungslobs wird Franziskus immer wieder mit Natur und Schöpfung in Verbindung gebracht. Wir wissen heute, wie oft Franziskus in der Natur unterwegs war oder sich auch dorthin zurückgezogen hat. Bis hin zur berühmten Vogelpredigt, die die Zuwendung von Franziskus zur Schöpfung nochmals auf besondere Weise erzählt und darstellt (vgl. Jul 37).

Aber warum hat sich Franziskus so der Natur zugewandt? Ihm war es wahrscheinlich wichtig, was er aus dem Evangelium für sich verstanden hat: Die Frohbotschaft, das Evangelium, die Nachricht vom Leben, Sterben und Auferstehen Jesu und aus diesem heraus das Grundvertrauen, dass Gott es gut mit dieser Welt meint, allen zu verkünden. Nicht nur den Menschen, sondern der ganzen Schöpfung und allem, was dazugehört. Die Natur ist somit nicht nur ein Ort für ihn, um Gott erkennen zu können, sondern gleichzeitig ein Ort, dem immer wieder neu verkündet werden muss, dass er gut und gewollt und heilig ist.

## ZUM NACHDENKEN UND BETEN

### Lob der Schöpfung

Der Sonnengesang ist ein großes Lob der Schöpfung.

Wenn man den Sonnengesang ohne Vorkenntnis liest, könnte man meinen, jemand hat einen Spaziergang an einem wunderbaren Sommertag gemacht, der an einem knisternden Lagerfeuer endete. Aber weit gefehlt. Schwer krank und vor dem Licht geschützt, fand Franziskus vor seinem innerlichen Auge dieses Loblied auf die Schöpfung. Die achte Strophe kam in einer Situation eines

Die Darstellung der Vogelpredigt befindet sich in der Unterkirche von *San Francesco*

nahen Streits hinzu und die neunte, in der er sogar den Tod selbstverständlich geschwisterlich loben und umarmen wird, kommt dann später hinzu. Vielleicht als er selbst diesem näher kam.

**Impuls**

*Nehmen Sie sich Zeit für die Worte des Sonnengesangs. Atmen und beten Sie sie. Und machen Sie dann für sich einen ausgiebigen Spaziergang, vielleicht zurück nach Assisi. Nehmen Sie diese Schöpfung wahr und auf, Ihre Schwestern und Brüder, die mit Ihnen täglich leben und Gott loben.*

## Der Sonnengesang des Franziskus

Höchster, allmächtiger, guter Herr,
dein sind das Lob, die Herrlichkeit und Ehre und jeglicher Segen.
Dir allein, Höchster, gebühren sie,
und kein Mensch ist würdig, dich zu nennen.

Gelobt seist du, mein Herr,
mit allen deinen Geschöpfen,
zumal dem Herrn Bruder Sonne,
welcher der Tag ist und durch den du uns leuchtest.
Und schön ist er und strahlend mit großem Glanz:
Von dir, Höchster, ein Sinnbild.
Gelobt seist du, mein Herr,
durch Schwester Mond und die Sterne;
am Himmel hast du sie gebildet,
klar und kostbar und schön.
Gelobt seist du, mein Herr,
durch Bruder Wind und durch Luft und Wolken
und heiteres und jegliches Wetter,
durch das du deinen Geschöpfen Unterhalt gibst.

Gelobt seist du, mein Herr,
durch Schwester Wasser,
gar nützlich ist es und demütig und kostbar und keusch.
Gelobt seist du, mein Herr,
durch Bruder Feuer,
durch das du die Nacht erleuchtest;
und schön ist es und fröhlich und kraftvoll und stark.

Gelobt seist du, mein Herr,
durch unsere Schwester, Mutter Erde,
die uns erhält und lenkt
und vielfältige Früchte hervorbringt
und bunte Blumen und Kräuter.
Gelobt seist du, mein Herr,
durch jene, die verzeihen um deiner Liebe willen
und Krankheit ertragen und Drangsal.
Selig jene, die solches ertragen in Frieden,
denn von dir, Höchster, werden sie gekrönt.

Gelobt seist du, mein Herr,
durch unsere Schwester, den leiblichen Tod;
ihm kann kein Mensch lebend entrinnen.
Wehe jenen, die in tödlicher Sünde sterben.
Selig jene, die er findet in deinem heiligsten Willen,
denn der zweite Tod wird ihnen kein Leid antun.
Lobt und preist meinen Herrn
und dankt ihm und dient ihm mit großer Demut.
(Son 1–8)

*Für den Abend: Nehmen Sie sich eine Zeit der Stille, schließen Sie die Augen und führen Sie sich alles nochmals vor Augen.*

*Abschließend können Sie alleine oder gemeinsam folgendes Lied anhören: Hinterm letzten Tor – Samuel Harfst*

➔ *Einfach raus – Olivenhaine, Waldwege ... (S. 144)*

# Grablegung und Verehrung

*San Francesco/Krypta*

## GESCHICHTE UND GESCHICHTEN

### Grabmal

Begeben wir uns wieder einmal nach *San Francesco*. Dieses Mal aber nicht, um die wunderbaren Fresken über das Leben von Franziskus zu bewundern, sondern um ihn an seinem Grab zu suchen und zu besuchen.

Wir können uns vorstellen, dass Franziskus in und durch seine radikale Armut sicherlich kein großes Grabmal für sich in Anspruch hätte nehmen wollen. Aber durch seine Wirkung und seine Inspiration, die tausende angesteckt hat, kommt es verständlicherwei-

In der Krypta der Basilika *San Francesco* befindet sich Franziskus' Grab

se anders. Reliquien, die körperlichen Überreste von einem als heilig verehrten Menschen, sind wertvoll. Und so wird der Leichnam von Franziskus am Tag nach seinem Tod über *San Damiano* in die Stadt gebracht und in *San Giorgio* beigesetzt, dort, wo er einst in der Schule war und wo heute die Kirche *Santa Chiara* steht.

Fünf Monate später wird ein Mann Papst, der den Franziskanern sehr zugewandt ist und dafür sorgt, dass die kirchliche Heiligsprechung von Franziskus vorangetrieben wird. Bereits zwei Jahre nach dem Tod von Franziskus, unmittelbar nach seiner Heiligsprechung, legt derselbe Papst, Gregor IX., den Grundstein für den Bau einer neuen Grabeskirche am Stadtrand von Assisi, die heutige Kirche *San Francesco*.

## Trauer und Ermutigung

Aus Angst vor Plünderungen wurde der Leichnam des Franziskus 1230 unter dem Altar der Unterkirche fest eingemauert. Auch wenn im 19. Jahrhundert mit der neuen Krypta ein direkter Zugang an die Grabstelle geschaffen wurde, so bleibt doch die Unterkirche der eigentliche und ursprüngliche Ort des Grabes und seiner Verehrung durch die Jahrhunderte hindurch. Da der Leichnam Jesu ebenfalls in einem Grab bestattet wurde, prägte diese Tradition das Ritual der Beisetzung im Christentum.

Das Grab ist zunächst ein Ort der Trauer, des Todes, des Abschieds, wo scheinbar alles zu Ende ist. Doch durch die Auferstehung Jesu bekommt das Grab eine neue Bedeutung. Es wird zum Ort des Lebens, zum Zeichen des Glaubens an ein Leben nach dem Tod, zum Ort der Hoffnung und Zuversicht über alle Trauer und allen Schmerz hinweg. Das Grab ist im christlichen Sinn nicht Endstation, sondern Durchgangsort in eine neue Wirklichkeit, in neues und ewiges Leben in der Gemeinschaft mit Gott. Das gilt natürlich für jedes Grab im christlichen Sinn.

Auch das Grab des Franziskus soll in bewusster Weise ein Ort des Lebens und der Verkündigung der Botschaft der Hoffnung sein, darauf verweisen Architektur und Ausmalung dieses Ortes. Er, der im Sonnengesang selbst den Tod als Schwester (im Italienischen *sorella morte*) begrüßen konnte, er hat durch sein Sterben in der Hoffnung auf ewiges Leben ein deutliches Zeugnis gegeben. Die Biografen berichten, dass Franziskus bewusst seine letzten Lebenstage gestaltet hat, im Gebet, im Lob Gottes und in der segnenden Sorge um seine Brüder und Gefährtinnen. So soll sein Grab für alle, die es besuchen, ein Ort der Ermutigung und Hoffnung sein. Auch mein Lebensweg wird einmal in einem Grab enden. Kann ich genauso wie Franziskus dann beten: „Sei willkommen, Bruder Tod, du wirst mir die Pforte zum Leben sein"?

## ZUM NACHDENKEN UND BETEN

### Kirchenraum als Ort der Nähe Gottes

Beeindruckend steht die Grabeskirche des Franziskus am Rande der Stadt und es ist für uns heute selbstverständlich, dass die Kirche seinen Namen trägt und alle an sein Grab kommen möchten. Die Basilika ist jedoch ein Kirchenraum und das ist eine Grundvoraussetzung, die man nicht vergessen sollte.

Kirchenraum heißt, dass es ein Ort der Gegenwart Gottes ist. So sehr uns Gott entgegenkommt durch seine Schöpfung und es die von ihm geschaffene und gewollte Wirklichkeit ist, mit der er uns Menschen gleichsam umgibt, im Kirchenraum ist die Erfahrung der Nähe Gottes in verdichteter Weise präsent. In der Verkündigung des Evangeliums und in der Feier der Sakramente, besonders der Eucharistie, entsteht eine tiefere Wirklichkeit, die hinweist auf das große Geheimnis, das wir Gott nennen. Im Kirchengebäude selbst sahen Menschen zu allen Zeiten ein Abbild des himmlischen Jerusalems, ein Vorausbild auf die ewige Vollendung bei Gott. Das ist der tiefere Sinn jedes Kirchenbaus, er will die Menschen daran erinnern, dass wir auf dem Weg sind, hin zu einem großen Ziel, der ewigen Vollendung bei Gott. Wenn wir in der Kirche unseren Glauben feiern, wird uns bewusst, dass wir jetzt schon Anteil haben an diesem ewigen Leben bei Gott und dass wir in Verbindung stehen auch mit all jenen, die vor uns diesen Weg des Glaubens gegangen sind.

Auch wenn in dieser Kirche noch so viel von Franziskus die Rede ist, das Ziel ist nicht er, sondern Gott und die ewige Vollendung bei ihm. Franziskus, der hier bestattet wurde, ist nichts anderes als ein Wegweiser hin zu diesem Ziel.

Was soll man hier noch sagen und raten?

Gehen Sie in die Krypta, die im 19. Jahrhundert angelegt wurde. Damals noch mit Marmor verkleidet, wie wir es heute noch in Klaras Krypta sehen. Doch Jahrzehnte später wird man feststellen, dass eine schlichtere Form doch vielleicht die passendere wäre. Es entsteht anschließend die Krypta, wie wir sie heute sehen.

**Impuls**

*Steigen Sie hinab. Beten Sie dort in Stille. Meditieren Sie Erlebtes und Vergangenes, das Leben des Franziskus und Ihr eigenes. Immer mit dem Ziel vor Augen, im inneren Gespräch und in der Sprachlosigkeit: Gottes Gegenwart.*

# Zeittafel: Franziskus

1181/82 Geburt in Assisi, Taufe auf den Namen „Johannes"

1198 Bürgeraufstand und -krieg in Assisi, Zerstörung der *Rocca Maggiore*

1202 Franziskus kämpft im Krieg zwischen *Perugia* und Assisi, Gefangennahme

1203 Rückkehr aus der Gefangenschaft, schwer erkrankt

1205 Aufbruch zum Kreuzzug, Traum von der Rückkehr in *Spoleto*
Begegnung mit dem Kreuz von *San Damiano*, Start der Kapellen-Renovierung

1206 Lossagung von der Familie, Verzicht auf das Erbe, Kleidung als Eremit

1208 Nachfolge Jesu nach Mt 10,7–14, Kleidung in einfacher Kutte mit Strick
Erste Brüder, Predigt des Evangeliums auf den Plätzen

1209 Romreise der Brüder zur Bestätigung ihrer Lebensweise

1212 Klara flieht aus Assisi, Einkleidung durch Franziskus

1217 Erste Aussendung der Brüder in die Länder jenseits der Alpen

1219 Franziskus begegnet dem Sultan, Wallfahrt ins Heilige Land

1220 Verzicht auf die Ordensleitung

1221 Erste, nicht bullierte Ordensregel

1223 Zweite Fassung der Ordensregel, vom Papst bestätigt (bulliert)

1225 Schwere Erkrankung, Franziskus schreibt den Sonnengesang in *San Damiano*

1226 Verfassung des Testaments in der Einsiedelei *Le Celle* in *Cortona*
Unterkunft im Bischofspalais in Assisi
Tod am 3. Oktober 1226 in der *Portiuncula*
Beisetzung am folgenden Tag in *San Giorgio*

1228 Heiligsprechung

1230 Überführung der sterblichen Überreste nach *San Francesco*

## PLATZ FÜR NOTIZEN

Klara von Assisi mit Gefährtinnen, Kirchenfenster in der Kreuzkapelle in *San Damiano*

# 3. Das Leben der heiligen Klara

## Aufwachsen in Schutz und Enge

*Piazza di San Rufino*

### GESCHICHTE UND GESCHICHTEN

#### Adelige Herkunft

Es ist Zeit, Klara (italienisch: *Chiara*) zu besuchen. Begeben wir uns dafür auf den Vorplatz von *San Rufino* (S. 48). Auf der linken Seite sehen wir eine winzige Kapelle mit einer Tafel an der Außenwand, die Klaras Herkunftsort lokalisieren will. Wo Klaras Geburtshaus stand, wissen wir heute leider nicht mehr so ganz genau. Was wir wissen, ist, dass es damals in Assisi ca. 20 Türme adeliger Familien gab. Wer schon einmal in *San Gimignano* in der Toskana war, kann sich diese Türme in dieser Art vorstellen. Was wir auch wissen, ist, dass Klaras Familie Offreducci auf jeden Fall in der Oberstadt wohnte und wahrscheinlich nicht weit von *San Rufino* entfernt.

Klara wird einige Jahre nach Franziskus dort 1193 oder 1194 geboren. Wahrscheinlich nur einen Steinwurf von der Tuchhändlerfamilie entfernt und doch trennen sie Welten.

Klara ist adelig und eine Frau. Ersteres bedeutet, dass sie zu der Gesellschaftsschicht gehört, die die alten Verhältnisse und Machtansprüche unverändert sehen will. Zweiteres, dass sie nicht in den Gassen von Assisi toben kann oder irgendwo in die Schule geht, sondern dass sie in einem „Turmleben" aufwächst, abgeschirmt und geschützt vom Stadtgeschehen und von dem, was auf der Straße und in den Gassen geschieht. Fast das ganze Leben der damaligen jungen adeligen Mädchen und Frauen spielt sich in diesen Türmen ab. Sie werden dort erzogen, bekommen eine gute Bildung und lernen Handarbeiten. Alles, damit die spätere Heirat eine gute Partie werden kann. Aber sie sind nicht alleine dort. Sie leben als Hausgemeinschaft. Sicherlich eine Erfahrung, die Klara in ihrem späteren Leben zugutekam.

*Piazza di San Rufino*

So ruhig und unbeschwert, wie es sich anhört, ist es aber nicht. Der schon auf der *Rocca* angesprochene Bürgeraufstand im Jahre 1198 zwingt Klaras Familie ins Exil nach *Perugia*. Der verlorene Krieg, der Franziskus in die Gefangenschaft führt, bringt Klara und ihre Familie aber wieder zurück nach Assisi. Diesen Umständen ist es wahrscheinlich auch mitzuverdanken, dass die junge Klara nicht schon früh verheiratet wurde.

In dieser Gegend stand das Haus, in dem Klara geboren wurde und ihre Jugend verbrachte

Und noch etwas ist erwähnenswert: Die Quellen berichten, dass die junge Klara eine ausgeprägte soziale Ader entwickelt. Sie spendet z. B. den Armen auf ihrem Gang zum Gottesdienst etwas und das nicht von oben herab, sondern sie sieht diese Menschen wirklich und hat Mitleid.

**Ganz nebenbei – Ein standesgemäßes Leben für Klara**
Klara sollte heiraten. Arrangiert, wie es für eine Adelstochter damals üblich war. Um Familienallianzen zu stärken und natürlich auch um die Nachkommenschaft der Adelslinie sicherzustellen, d. h. Söhne zu bekommen. Auch ein Leben im Kloster wäre für eine Frau wie Klara durchaus denkbar gewesen. Wenn, dann aber nur standesgemäß. Abgesichert und oft auch einflussreich, wie z. B. die Schwestern von *San Paolo delle Abadesse*, die wir später noch kennenlernen werden (S. 108).

## ZUM NACHDENKEN UND BETEN

### Orte, die prägen

Wir sind geprägt von unserer Herkunft, von unserer Familie und Erziehung. Das konnten wir auch schon im Zusammenhang mit Franziskus (S. 25) betrachten.

Vielleicht schätzen wir es manchmal zu gering, wie uns die Orte prägen, an denen wir jetzt gerade wohnen oder wo wir aufgewachsen sind. Es macht einen Unterschied, ob man in jungen Jahren durch die Gassen Assisis herumstreunen darf oder in einem Turm aufwächst. Ersteres kann Freiheit vermitteln, aber auch Unberechenbarkeit. Letzteres kann etwas Begrenztes vermitteln, aber auch etwas Bergendes. All das prägt. Es ist auch heute noch ein Unterschied, ob man auf dem Land groß wird oder in der Stadt, in einem Bauernhaus oder in einem Wohnblock, ob wir täglich den Horizont sehen können oder einfach die nächste Hauswand, ob mehr Natur oder Beton in unserer Nähe ist.

Alles hat seine Vor- und Nachteile. Alles prägt uns, unser Leben miteinander, aber auch unser Gottesbild. Wer das Leben in einer

Burg kennt, kann auch sagen, ob Gott für ihn oder sie wie eine Burg (Ps 46) ist bzw. was das für ihn oder sie bedeutet.

**Impuls**

*Wie sind Sie aufgewachsen?*

*Nehmen Sie sich Zeit, dieser Frage im Gebet nachzugehen. Vielleicht gleich hier nebenan in der Cattedrale di San Rufino.*

Welche Orte, welche Gegenden, welche Landschaften haben mich von klein auf geprägt – geprägt in meinen Beziehungen zu anderen Menschen, aber auch zu Gott? Welche Orte sind mir bis heute wichtig und welche überhaupt nicht mehr?

Welche sind für mich wichtig im Hinblick auf Geborgensein und welche im Hinblick auf Freiheit und Weite?

Wie hat der Ort, an dem ich aufgewachsen bin, mein Gottesbild mitgeprägt?

# Flucht und Hilfe

*Stadttor Porta Moiano*

## GESCHICHTE UND GESCHICHTEN

### Klaras Weg

Auch wenn Klara in einem Turm lebt, ist sie sicherlich nicht komplett abgeschnitten von der Welt. Wir können uns vorstellen, dass dort über das gesprochen wird, was in der Stadt vor sich geht. Auch dort spricht es sich herum, was da Seltsames mit dem Kaufmannssohn von Pietro di Bernadone vor sich geht. Und später hat Klara sicherlich nicht nur von ihm gehört, sondern erlebt ihn und hört ihn auch selbst in der Stadt predigen. Sie fängt an, ihn und seine Brüder mit Spenden zu unterstützen, und spricht mit ihm wahrscheinlich auch das ein oder andere Mal – heimlich.

Klara ist mit ca. 18 Jahren endgültig im heiratsfähigen Alter, aber sie spürt, dass es sie woanders hinzieht. Sie ist fasziniert von

Die junge Klara flieht aus der Stadt hinunter in die Ebene zur *Portiuncula*

den armen Brüdern und von diesem Leben nach dem Evangelium. Aber wie soll das gehen? Können die Brüder sie aufnehmen oder braucht sie einen eigenen Weg?

Sie hat glücklicherweise in ihrem Fragen und Ringen einen wichtigen Verbündeten – wie schon Franziskus: Bischof Guido I. Dieser hilft ihr in der Nacht des Palmsonntags 1211, zu Beginn der Karwoche, zu fliehen. Sie schleicht sich heimlich aus dem Turm ihrer Familie zum Palais des Bischofs und dieser geleitet sie in einer Nacht-und-Nebel-Aktion durch sein kleines, privates Stadttor aus der Stadt hinaus. Weder das damalige Bischofspalais noch das besagte Stadttor sind noch erhalten, aber seit nicht allzu langer Zeit wird unter dem heutigen bischöflichen *Palazzo* danach geforscht und gegraben. Die *Porta Moiano* soll stellvertretend für den Ort der Flucht von Klara stehen, der Ort, der zwischen der Stadt und dem Umland, der eingesperrten Sicherheit und der unsicheren Freiheit, steht.

Die Brüder von Franziskus warten dort am Tor schon auf sie und begleiten sie hinunter zur *Portiuncula*.

## ZUM NACHDENKEN UND BETEN

### Mut und Hilfe

Es ist unglaublich, welchen Mut Klara aufbringt. Auch für Franziskus war sein Bruch mit der Familie und mit seinem früheren Leben riskant, aber für Klara? Als Frau? Ohne Plan? Ohne Absicherung? Gerade dieser Mut, der sich in diesem Schritt zeigt, ist ein Wesenszug, der ihr in ihrem späteren Leben, ihrer Spiritualität und in ihrer Gemeinschaft erhalten und wichtig bleiben wird. Aber sie ist nicht allein. Vielleicht ist das das Entscheidende. Sie hat Menschen, die sie inspirieren, ein offenes Ohr haben und ihr ganz konkret helfen.

So ist es doch auch in unserem Leben. Hoffentlich. Dass wir mit unseren Entscheidungen nicht alleine sind. Auch wenn wir sie vielleicht alleine treffen müssen und die Konsequenzen tragen. Wir hatten Menschen in unserem Leben, die uns inspiriert haben, ein offenes Ohr haben und uns konkret geholfen haben. Die es hoffentlich immer noch tun.

**Impuls**

*Nehmen Sie sich ein wenig Zeit. Vielleicht hier in unmittelbarer Nähe in der Kirche Santa Maria Maggiore oder vielleicht auf einem Spaziergang zur Portiuncula und überlegen Sie:*
Welche Menschen haben mich inspiriert, mir zugehört, mir geholfen?
*Schließen Sie zwischendurch die Augen und blicken Sie diese Menschen vor Ihrem inneren Auge an. Und zum Schluss: Danken Sie für diese Menschen. Danken Sie, dass Sie nicht alleine sind. Vielleicht können Sie auch jetzt oder im Laufe der Tage hier in Santa Maria Maggiore oder sonst in einer Kirche eine Kerze für diese Menschen anzünden … und schreiben Sie deren Namen auf.*

Wer hat mich inspiriert? . . . . . . . . . . . . . . . . . . . . . .

Wer hat zugehört? . . . . . . . . . . . . . . . . . . . . . . . . .

Wer hat geholfen? . . . . . . . . . . . . . . . . . . . . . . . . .

*Nehmen Sie diese Menschen und Ihre Dankbarkeit für sie heute ganz bewusst in Ihr Abendgebet.*

# Einfaches Kleid und kurzes Haar: Ungewissheit und Freiheit

*Portiuncula*

## GESCHICHTE UND GESCHICHTEN

### Santa Maria degli Angeli

Folgen wir Klara hinab in die Ebene zur *Portiuncula* und finden uns dort auf dem Kirchplatz ein. Hier ist wirklich so gut wie nichts mehr, wie Klara es in ihrer nächtlichen Flucht vorfindet. Wie dürfen uns hier in nächster Nähe keinen Bahnhof, keine Ansammlung von Häusern, keine geteerten Straßen und nicht einmal die imposante Basilika vor uns vorstellen.

Nur eines: die kleine Kapelle, die sich jetzt im Inneren der Basilika befindet, eine kleine, verfallene Kapelle, umgeben von Steineichen, zu der ein schmaler Weg führte.

Heute beherbergt die Kirche *Santa Maria degli Angeli* die *Portiuncula*

Innenansicht der Kapelle

Ein kleines, damals unbedeutendes Kirchlein, das hier einsam in der Ebene stand. Es wird 1045 zum ersten Mal urkundlich erwähnt, ist Benediktinern zugeordnet und die Jahre und Jahrzehnte müssen ihm ziemlich zugesetzt haben. Es soll eine der Kapellen gewesen sein, die Franziskus in seiner spirituellen Suche renoviert hat.

Es wird später ein Treffpunkt für seine Brüder und manche Kapitel des jungen Ordens finden hier statt. Vielleicht ist es nicht der zentrale Punkt, wie es im Nachhinein von manchen Geschichtsschreibern hochstilisiert wurde. Wir müssen daran denken, unsere Brüder sind damals erst einmal religiöse Vagabunden, Bußprediger und Einsiedler. Aber es ist in den ersten Jahren sicherlich ein wichtiger Treffpunkt für sie, allerdings nicht wichtiger als *Rivotorto* (S. 157). So oder so: Noch etwas ganz anders passiert hier. Franziskus lässt sich in seinen letzten Stunden hierhertragen und stirbt hier (S. 86). Dadurch ist dieser Ort irgendwie auch ein Pendant zu *San Francesco* als Grabeskirche und ist mit ihr auf besondere Weise verbunden.

Auf der Fassade der *Portiuncula* befindet sich ein Fresko von Friedrich Overbeck im Nazarenerstil aus dem Jahr 1829. Es zeigt Franziskus, wie er Jesus und Maria anruft und um die Gabe des Sündenerlasses bittet. Es ist ein Hinweis auf den sogenannten *Portiuncula*-Ablass. Auch durch diesen von Franziskus vom Papst erbeteten Ablass wurde dieser Ort u. a. ein wichtiger Wallfahrtsort.

### Ganz nebenbei – Ablass und Portiuncula-Ablass

Der Ablass ist ein schwieriges Thema in der Geschichte der Kirche. Er steht im Zusammenhang mit Beichte, Reue und Buße, also einer Art Wiedergutmachung für das Getane. Diese Wiedergutmachung konnte in Form einer Aufgabe, von bestimmten Gebeten oder auch mit Geld geschehen. Über die Zeit entwickelte sich aber die falsche Auffassung, dass das „Erkaufen" eines Ablasses die Beichte und die Reue ersetzt. Dabei ging es nur um Letzteres, die Buße – was im Endeffekt zur völlig nachvollziehbaren Kritik Martin Luthers am Ablasswesen führte.

Franziskus selbst erbat von Papst Honorius III. im Jahr 1216 den sogenannten *Portiuncula*-Ablass, der diesem Ort gegeben werden sollte. Zwei Dinge waren an der Bitte von Franziskus besonders: Zum einen, dass dieser Ablass nichts kosten sollte und dadurch allen, auch den Armen, zugänglich sein sollte, und zweitens, dass er alle sogenannten „Sündenstrafen" tilgte, also ein sogenannter vollkommener Ablass war, also eine Art Neubeginn. Der Ablass wurde gewährt, allerdings wurde er auf den Weihetag der Kapelle am 2. August und den Vorabend dieses Tages beschränkt.

Für mache klingt es vielleicht seltsam, aber der *Portiuncula*-Ablass gilt heute noch. Und heute kann er an jedem Tag des Jahres erlangt werden – nicht mehr nur am 2. August.

An der Seite der Kapelle findet sich die Grabplatte für Pietro Cattani, den ersten Ordensoberen in der Nachfolge des Franziskus, der hier 1221 starb. Im Inneren befindet sich als Altargemälde eine Altartafel des Priesters Hilarius von Viterbo aus dem Jahr 1393, die eine Verkündigungsszene zeigt und rundherum Szenen aus dem Leben des Franziskus anordnet.

Das Patrozinium der Kapelle im Inneren ist dasselbe wie das der Basilika darüber: *Santa Maria degli Angeli* (Maria von den Engeln). Letztere wird ab dem Jahr 1569 über der *Portiuncula* zum Schutz und Gedenken, zur Verehrung und Zentrierung errichtet und 1679 vollendet.

### Veränderung

Doch so weit sind wir noch lange nicht. Wir sind immer noch in der frühen Nacht des Palmsonntags 1211 mit Klara unterwegs. Die Brüder bringen sie hierher und sie macht auch, wie Franziskus vor ihr, eine äußerliche Veränderung durch, die ihren inneren Entschluss zeigen soll. Sie tauscht ihre vornehmen Gewänder gegen eine grobe Tunika und lässt sich von Franziskus die Haare abscheiden.

Aber was soll jetzt mit ihr geschehen? Sicherlich empfangen nicht alle Brüder Klara mit offenen Armen. Wenn die Brüder eine Frau aufnehmen, laufen sie Gefahr, als Ketzer gesehen und von der Kirche verstoßen zu werden, wie es z. B. bei den Waldensern geschehen ist. Dazu ist sicherlich vielen auch klar, dass Klaras Familie diese Flucht nicht so einfach hinnehmen wird.

## ZUM NACHDENKEN UND BETEN

### Äußerlichkeiten

„Kleider machen Leute." Das ist keine neue Erkenntnis.

Äußerlichkeiten sind nicht nur Äußerlichkeiten. Sie zeigen, wer wir sind bzw. was wir zeigen wollen oder sein wollen. Oft wird Kleidung dazu benutzt, einen Beruf anzuzeigen (Polizist/Polizistin, Arzt/Ärztin, Priester), den Status (besonders teure Kleidung) oder einfach die Jahreszeit. Manchmal ist sie auch ganz pragmatisch. Oft sollen uns Kleider helfen, einen guten Stand zu haben. Sich vielleicht sogar besser dazustellen als man ist. Früher hatten viele Menschen noch ein Sonntagsgewand. Etwas Besonderes, das nur in der Kirche am Sonntag oder an Feiertagen angezogen wurde.

Klara ging den gegenteiligen Weg. Die Kleidung war ein Abstieg. Praktisch und äußerlich. Sie hat die Vergangenheit ausgezogen und eine neue Gegenwart und Zukunft angezogen.

Ja, Kleider machen Leute und lassen uns dadurch Menschen auf- und abwerten, einordnen und wir machen uns unsere Gedanken dazu.

**Impuls**

*Das ist eine Übung wert.*

*Wenn Sie wieder zurück in der Stadt sind (es geht auch um Portiuncula herum), setzen Sie sich irgendwo an einen belebten Platz oder an eine belebte Straße. Sie dürfen auch gerne einen Cappuccino dabei trinken. Betrachten Sie die Menschen und was sie anhaben, wie sie sich dadurch auch geben. Machen Sie diese Übung allein.*

*Überlegen Sie beim Betrachten der Menschen:*

Was denken ich über sie aufgrund der Kleidung? Wie stark achte ich auf die Kleidung der anderen? Wie stark spielt das eine Rolle, ob diese Menschen mir sympathisch oder unsympathisch sind? Was wollen die Menschen durch ihre Kleidung vielleicht ausdrücken?

*Nehmen Sie sich dafür eine halbe Stunde Zeit.* 🗨 ✍

# Zuflucht und Abgeschiedenheit

*San Paolo delle Abadesse*

## GESCHICHTE UND GESCHICHTEN

### Die Flucht geht weiter

Eines ist schnell klar: Klara kann nicht einfach so bei den Brüdern bleiben. Sie wird in aller Frühe am folgenden Tag zum nahen Kloster *San Paolo*, zu Benediktinerinnen unweit von *Bastia Umbra* gebracht. Folgen wir ihr auf ihrem Weg dorthin, denn ihre Flucht ist noch nicht vorbei.

Heute sehen wir von dem damals einflussreichen Benediktinerinnenkloster nur noch die schlichte Kirche *San Paolo*, die inzwischen als Friedhofskapelle dient. Außer einer Gedenktafel im Inneren erinnert nichts mehr an Klaras damalige Flucht und ihren Aufenthalt hier.

Damals ist es ein Kloster, das in der ganzen Umgebung für seinen Reichtum und seine Macht bekannt ist. Doch die politische Lage zwingt die Schwestern noch im 13. Jahrhundert in den Schutz der Stadt. Später wird das umliegende Kloster zerstört und im 19. Jahrhundert der heutige Friedhof um die Kirche herum errichtet.

Warum wird Klara gerade dorthin gebracht? Weil die Benediktinerinnenabtei nicht nur mächtig und reich ist, sondern auch das päpstliche Privileg des Kirchenasyls innehat, d. h. sie darf verfolgten Menschen einen Schutzraum bieten und kann Klara dadurch eine gewisse Sicherheit vor ihrer Familie bieten, die sie in der *Portiuncula* nicht gehabt hätte.

Was diese Benediktinerinnen wohl über ihren seltsamen Gast denken, der in diesen Kar- und Ostertagen so viel Unruhe in ihr Kloster bringt? Die Nonnen dort sind meist adliger Herkunft, so wie Klara selbst. Aber sie kommt mit abgeschnittenen Haaren und nächtigt bei den Mägden. Thomas von Celano erzählt, wie Klara von ihren Verwandten ausgemacht wird und diese tagelang versuchen, ihre entlaufene Verwandte zurückzuholen. Erfolglos. Irgendwann lassen sie ab.

In *San Paolo* fand Klara Zuflucht bei den Benediktinerinnen

Wie es wohl Klara ergeht? Verfolgt und bedrängt verbringt sie diese Tage und genau da feiert sie mit den Schwestern die Kar- und Ostertage, Tod und Auferstehung, feiert, dass Gott uns in die Freiheit führt und uns nicht alleine lässt, was auch kommen mag.

## In die Abgeschiedenheit

*San Paolo* ist ein erster Zufluchtsort, um durchzuatmen und sich zu sortieren, aber keine Langzeitlösung. Nach Ostern bringen die Brüder sie an Assisi vorbei nach *Sant'Angelo di Panzo* zu Schwestern, die im Wald östlich von Assisi versteckt ein halberemitisches Leben führten.

Die Kirche *Sant'Angelo di Panzo* ist heute in Privatbesitz, aber besuchbar. Wenn jemand zuhause ist, wird gegen eine kleine Spende gerne aufgeschlossen.

Wie sich Klara wohl hier fühlt? Zum ersten Mal nicht hinter festen Mauern? Aber nicht nur das muss sie bewegt haben. Sicherlich auch, dass ihr hier erste Gefährtinnen folgen, u. a. auch ihre jüngere Schwester Agnes. Ihre Familie möchte aber den erneuten Verlust eines Mitglieds nicht so einfach hinnehmen. Doch auch Agnes gelingt – gegen größte Widerstände – die Flucht, sie nimmt das einfache Gewand an und lässt sich die Haare abschneiden.

## ZUM NACHDENKEN UND BETEN

### Safe Space

Klara hat in *San Paolo* fürs Erste einen sicheren Ort gefunden, einen *Safe Space* würde man heute sagen. Einen Ort, um durchzuatmen, Frieden zu finden und auch Gott zu begegnen.

Auch wenn das Kloster nicht mehr steht, ist es irgendwie ein schönes Bild, dass die Kirche von einem Friedhof umgeben, also eingefriedet ist. Auch eine Art Schutzraum.

Es ist wichtig, dass wir solche Räume, Orte und auch Menschen haben, wo wir Schutz finden, durchatmen können, wo wir sein dürfen, wie wir sind.

**Impuls**

*Bleiben Sie noch ein wenig hier und gehen Sie dann zurück. Vielleicht zu Fuß.*

*Überlegen Sie für sich:*
Wo war und ist mein *Safe Space*? Wo und bei wem kann ich sein, wie ich bin? Wo und bei wem kann ich zur Ruhe kommen und durchatmen?

*Und noch etwas: Wenn es gerade einen Menschen gibt, der das für Sie ist, dann schreiben Sie diesem Menschen eine Postkarte aus Assisi. Schreiben Sie ihm und bedanken Sie sich für den Schutzraum, den er oder sie Ihnen geboten hat oder bietet. (Natürlich geht auch eine digitale Nachricht, aber eine Postkarte hat immer noch ihren ganz eigenen Charme und ihre eigene handfeste Bedeutung.)*

### Klara auf der Flucht

Ein Spiel für Jugendliche und junggebliebene Gruppen
Mind. 10 Personen, besser 20 – nach den Regeln von „Katz und Maus"

Zu Anfang dieses Spieles wählen Sie aus, wer der „Verwandte" und wer „Klara" ist. Der Rest der Spieler und Spielerinnen bildet den Fluchtweg von Klara, der immer wieder neue Schutzräume auftut. Die übrigen Personen stellen sich nun so nebeneinander und hintereinander, dass immer eine Armlänge zum anderen Spieler Platz ist. Natürlich sollten sie dann in mehreren Reihen hintereinanderstehen, damit ein Weg wie durch einen Irrgarten entstehen kann. Auch ist es wichtig, die Arme ausgestreckt zu lassen. Der Verwandte begibt sich nun an das eine Ende des Fluchtwegs und Klara an das andere. In diesem Irrgarten versucht nun der Verwandte, Klara zu fangen. Beide dürfen aber die verschlungenen Wege nicht verlassen, also nicht unter den Armen durchgehen.

Die einzige Möglichkeit zu entkommen hat Klara, indem sie Befehle an den Weg weitergibt. Sagt Klara z. B. rechts, drehen sich alle Spieler einmal eine Drehung nach rechts mit ihren ausgestreckten Armen, dadurch wird das Bild des Weges komplett verändert. Das gleiche kann Klara auch nach links machen und dem Verwandten wird das Fangen nochmals erschwert. Das Spiel ist zu Ende, wenn Klara 5 Minuten lang flüchten konnte oder der Verwandte sie gefangen hat (was wir nicht hoffen).

Dann können ein neuer Verwandter und eine neue Klara ausgewählt werden.

# Neue Heimat in San Damiano

*San Damiano*

## GESCHICHTE UND GESCHICHTEN

### Neue Bleibe

Klara konnte sich gegenüber ihrer Familie durchsetzen und wurde nicht zurückgeholt. Und nicht nur das: Sie war inzwischen auch nicht mehr alleine. Sie waren inzwischen zu viert. Klara und drei Mitstreiterinnen, die dem Evangelium und dadurch ihr kompromisslos folgen wollten. Es ist klar, dass sie nicht bei den Schwestern im Wald bleiben können und wollen. Ihr Glaubensweg führt sie nicht in die Verborgenheit und Abgeschiedenheit von *Sant'Angelo di Panzo*.

Und hier kommt *San Damiano* ins Spiel. Der Ort, an dem Franziskus Gott im Gekreuzigten begegnet ist. Dieses ursprünglich verfallene Kirchlein, das Franziskus renoviert hatte. Wieder einmal zeigt sich Bischof Guido I. als guter Verbündeter. Er stellt *San Damiano* den Frauen zur Verfügung und sie dadurch unter seinen Schutz. Ein Ort nahe der Stadt und doch für sich. Auch heute noch.

Es wird Zeit, dass wir diesen Ort besuchen. Folgen wir Klara mit ihren ersten Schwestern dorthin. Wir wissen heute nicht, ob Klara mit ihren Schwestern gerne umherwandernd, wie Franziskus mit seinen Brüdern, gelebt hätte. Klar ist, dass umherziehende Frauen verdächtig sind und Gefahr laufen, von der Kirche verurteilt zu werden. Klar ist auch: Klara will nach dem Evangelium leben. Auf ihre Weise: ohne Besitz – Gott und der Welt zugewandt. Weder so abgesichert und in strenger Klausur wie die Benediktinerinnen von *San Paolo*, noch so abgeschieden und für sich wie die Schwestern im Wald.

Beim Kirchlein *San Damiano* können Klara und ihre Mitstreiterinnen bleiben und Räumlichkeiten errichten

Das Oratorium (Gebetsraum) war wohl schon zu Klaras Zeiten ausgemalt

Und noch etwas ist klar: Sie gehören zur Fraternität, zu den Brüdern, und sind nicht etwas ganz anderes. Die ersten Schwestern legen noch Franziskus selbst das Gehorsamsversprechen in die Hand ab. Später wird Klara die Leitung ihrer Gemeinschaft übernehmen. Es ist sehr wahrscheinlich, dass sie diese anfangs nicht will, denn ihre Grundhaltung zeigt, dass sie ganz zu den Brüdern gehören will. Sie lässt sich aber darauf ein, was mehr Eigenständigkeit, aber auch mehr Verantwortung für ihre Gemeinschaft bedeutet.

Aber so weit sind wir noch nicht. Wir stehen noch am Beginn des gemeinschaftlichen Lebens in *San Damiano*.

## San Damiano

Damals steht dort nicht die Anlage, wie wir sie heute sehen, sondern ein kleines verlassenes Haus und die kleine Kapelle, die damals nur ungefähr so groß ist wie der Chorraum heute. Auch das Kreuz, das Franziskus so angesprochen und inspiriert hat, wird die Schwestern begleiten (das heutige Kreuz dort ist eine Kopie, da das Original mit den Schwestern später nach *Santa Chiara* gelangt).

Klara und ihre Schwestern werden im Laufe der Jahre die ganze Anlage nach und nach vergrößern und Räume an- und ausbauen. Es wächst. Ein Oratorium (ein kleiner Gebetsraum, der wohl schon zu Lebzeiten Klaras ausgemalt wurde), ein Dormitorium (der gemeinschaftliche Schlafsaal), ein Laboratorium (ein kleiner Arbeitsraum) und ein Refektorium (der einfache Speisesaal) werden folgen. Ein Großteil von dem, was wir heute sehen (z. B. der Kreuzgang), stammt aber nicht mehr aus der Zeit von Klara, sondern wird von den Brüdern, als sich diese dort später ansiedeln, an- und umgebaut.

## Schutzraum und Offenheit

Klara hat ihren Ort gefunden und wird ihn zu ihren Lebzeiten auch nicht mehr verlassen. Viele der Frauen, die Klara nachfolgen, sind wie sie aus dem Adel und ein Leben an einem Ort und auf engem Raum gewohnt. Und trotzdem ist es sicherlich auch befreiend für die Frauen, weil sie nicht eingeschlossen in einem Turm

Der Kreuzgang hat zu Klaras Zeit anders ausgesehen

Auf dem Weg nach
*San Damiano*

leben. Aber wir dürfen unsere Bild auf diese junge Gemeinschaft auf keinen Fall romantisieren. Das Leben, das diese Frauen für sich gewählt haben, ist hart. Es ist vor allem in den ersten Jahren ein Leben ohne Sicherheiten. Anfangs werden die Brüder für sie betteln. Wir können uns heute wahrscheinlich kaum vorstellen, wie oft die Schwestern nicht wissen, was sie in den nächsten Tagen essen werden, was und wie sie teilen und wie oft sie auch gezwungenermaßen hungern und fasten müssen. Über die Zeit hinweg werden sie auch von Handarbeiten leben (auch etwas, was sie aus ihrem früheren Leben mitbringen), einen Garten bewirtschaften und sicherlich auch die eine oder andere Essensspende entgegennehmen.

Die Brüder unterstützen sie und zweitweise wohnen bis zu vier in einer Hütte nebenan. Aber Klara lebt mit ihren Schwestern nicht in einem abgeschlossenen Kloster, in dem sie beten und arbeiten. Mit der Zeit werden viele Menschen aus der Stadt dorthin mit der Bitte um Beistand, Gespräch und Gebet kommen.

*San Damiano* wird zu einem Schutzraum des Lebens und Betens für die Schwestern gleichermaßen, wie auch zu einem offenen Ort der Gastfreundschaft und der lebendigen Nächstenliebe. Sie haben ihren Weg und Ort gefunden, franziskanisch und evangeliumsgemäß auf ihre Weise zu leben.

In der Kapelle hängt eine Kopie des bekannten Kreuzes

## ZUM NACHDENKEN UND BETEN

### Beziehungen

Nehmen Sie sich Zeit für diesen wunderbaren Ort, der sowohl die Geschichte von Franziskus als auch die von Klara so durchwoben hat und immer noch atmet.

Auch wenn es nicht mehr das Original ist, drückt doch das Kreuz in der Kapelle von *San Damiano* wahrscheinlich sehr viel vom Leben der Klara an diesem Ort aus. Leider hängt es heute ein wenig zu hoch. Franziskus und Klara konnten ihm auf Augenhöhe begegnen und das allein war und ist schon ein Bild und ein Zeichen für sich. Es ist ein Bild und Zeichen für einen Ort der intimen Begegnung, an dem man angeblickt und umarmt wird. Und es drückt gleichzeitig aus, was Klara und ihre Schwestern miteinander lebten und auch mit den Menschen, die zu ihnen gekommen sind.

**Impuls**

*Wo gibt es diese beiden Seiten in Ihrem Leben:*

Die Zeiten und Orte, wo ich für mich sein kann und vielleicht auf meine Weise Gott begegne? Und die Zeiten und Orte, wo ich Menschen begegne, höre, helfe?

*Nehmen Sie sich eine halbe oder ganze Stunde Zeit für diese Fragen.*

# Das Privileg der Armut

*San Damiano*

## GESCHICHTE UND GESCHICHTEN

### Arm sein – ein Privileg?

Verweilen wir noch ein wenig an diesem besonderen Ort und richten unseren Blick noch dezidiert auf einen wichtigen Punkt in Klaras Leben: die Armut.

Die konsequente Armut war nicht nur im täglichen Leben herausfordernd, sondern brachte auch in der kirchlichen Umsetzung ihre Schwierigkeiten mit sich. Frauen, die damals in einer klösterlichen Gemeinschaft lebten, lebten in der Regel abgesichert, so wie die Schwestern, die uns in *San Paolo* begegnet sind.

**Ganz nebenbei – „In der Regel"**

Wie passend und spannend, dass man das im Deutschen immer noch so sagt „in der Regel". Weil es ja genau zur damaligen Situation von Klara passt, denn die Kirchenoberen fragten sich sicherlich: Was ist denn „die Regel", nach der Klara mit ihren Schwestern lebt?

Aber eine Absicherung ist für Klara keine Option. Für sie heißt die konsequente Nachfolge im Sinne des Evangeliums auch die konsequente Armut.

Die Gemeinschaft um Klara entwickelt sich. Nicht so schnell wie die der Brüder, aber doch. Sie findet Mitstreiterinnen, Schwestern im Evangelium, Nachahmerinnen an neuen Orten. Und es geschieht, was auch schon bei Franziskus zu sehen war: Wenn eine religiöse Gemeinschaft über die Bistumsgrenze anwächst und agiert, reicht es nicht mehr, dass sie unter dem Schutz ihres Bischofs steht, sondern sie braucht eine höhere kirchliche Anerkennung.

In der Schlichtheit des Refektoriums (Speisesaal des Klosters) drückt sich die Hinwendung zur Armut aus

Wahrscheinlich können viele in Gesellschaft und Kirche überhaupt nicht verstehen, was diese Frauen wollen und warum ihnen diese Armut so wichtig ist. Aber es geht nicht nur um Unverständnis und verschiedene Denk- und Lebensmodelle, die hier aufeinandertreffen, sondern auch um ganz konkrete Regelungen der Kirche. 1215 endete das vierte Laterankonzil und es wurde u. a. beschlossen, dass neue Gemeinschaften sich an bewährte Regeln zu halten haben, was im Falle von Klara die Benediktsregel bedeuten würde – inklusive klösterliches Leben mit strenger Klausur und wirtschaftlicher Sicherheit.

Und hier zeigt sich Klara als klug, hartnäckig und führungsstark. Wir haben schon davon gehört, dass die Schwestern von *San Paolo* das päpstliche Privileg des Kirchenasyls innehatten. Es gibt unterschiedliche solcher Privilegien des Papstes, u. a. auch das der Güterbeständigkeit eines Klosters. Klara bittet nun um ein neues Privileg für ihre junge Gemeinschaft, eines, für das es noch keine Vorlagen in Rom gibt, nämlich das genaue Gegenteil der Güterbeständigkeit: das Privileg der Armut. Ihre Bitte untermauert sie schlüssig mit biblischen Beispielen und der Christusnachfolge. Sie überzeugt: Papst Innozenz III. gewährt ihr dieses Privileg und drückt so auch seine Sympathien gegenüber dieser neuen Gemeinschaftsform aus.

Der erste Schritt ist getan. Aber es gibt noch keine Regel und Klara wird auch noch Jahre später um dieses Privileg kämpfen und sich dafür einsetzen müssen.

*San Damiano* wird das örtliche Fundament der Gemeinschaft Klaras und das Privileg der Armut ein grundlegendes Prinzip davon.

**Ganz nebenbei – Armutsbewegungen im Mittelalter**

Das Privileg der Armut erzählt von Klaras Radikalität und Überzeugung. Klaras Mut, Ausdauer und Überzeugungskraft der Kirche gegenüber sind bis heute faszinierend und inspirierend. Aber es gibt auch andere Bereiche in Klaras Spiritualität und Leben, die für uns heute eher befremdlich wirken. Sie fastet sehr streng und schont sich und ihren Körper so wenig, dass Franziskus sie zurechtweist. Aus heutigem Standpunkt kann man sicherlich von einer Essstörung sprechen. Sie trägt bewusst ein starres, kratziges Kleid und darunter zeitweise am Oberschenkel einen Bußgürtel, eine Kette aus mehreren Metallgliedern, die auf der Unterseite mit hervorstehenden scharfen Dornen versehen sind.

All dies ist aber im damaligen Zeitgeschehen zu sehen. Es ist die Zeit der Armutsbewegungen (z. B. Waldenser und Katharer) und sog. Bettelorden (Franziskaner und Dominikaner). Diese Bewegungen sind ein Gegenpol zu einer damals reichen und mächtigen Kirche und deren Bischöfen, Kardinälen und Päpsten, die wie Fürsten, Könige und Kaiser lebten und regierten. Oft ging die geforderte Armut auch einher mit strengem Fasten und einer gewissen Züchtigung des eigenen Körpers.

## ZUM NACHDENKEN UND BETEN

### Lilien des Feldes

Für Klara gehört die Armut zur Grundlage, wie sie nach dem Evangelium leben möchte. Es geht ihr dabei nicht nur um die Solidarität mit den Armen und darum, ohne sonstige Privilegien zu leben, sondern es geht ihr um konkrete Christusnachfolge und um Gottvertrauen. Letzteres drückt sich in einer Bibelstelle aus dem Matthäusevangelium aus, auf die sie auch bei ihrer Privilegs-Bitte an den Papst Bezug nimmt:

### Aus dem Matthäusevangelium

Sorgt euch nicht um euer Leben, was ihr essen oder trinken sollt, noch um euren Leib, was ihr anziehen sollt! Ist nicht das Leben mehr als die Nahrung und der Leib mehr als die Kleidung? Seht euch die Vögel des Himmels an: Sie säen nicht, sie ernten nicht und sammeln keine Vorräte in Scheunen; euer himmlischer Vater ernährt sie. Seid ihr nicht viel mehr wert als sie? Wer von euch kann mit all seiner Sorge sein Leben auch nur um eine kleine Spanne verlängern? Und was sorgt ihr euch um eure Kleidung?

Lernt von den Lilien des Feldes, wie sie wachsen: Sie arbeiten nicht und spinnen nicht. Doch ich sage euch: Selbst Salomo war in all seiner Pracht nicht gekleidet wie eine von ihnen. Wenn aber Gott schon das Gras so kleidet, das heute auf dem Feld steht und morgen in den Ofen geworfen wird, wie viel mehr dann euch, ihr Kleingläubigen!

Macht euch also keine Sorgen und fragt nicht: Was sollen wir essen? Was sollen wir trinken? Was sollen wir anziehen? Denn nach alldem streben die Heiden. Euer himmlischer Vater weiß, dass ihr das alles braucht. Sucht aber zuerst sein Reich und seine Gerechtigkeit; dann wird euch alles andere dazugegeben. Sorgt euch also nicht um morgen; denn der morgige Tag wird für sich selbst sorgen. Jeder Tag hat genug an seiner eigenen Plage.

Mt 6,25–34

**Impuls**

*Sorget euch nicht.*

Wie ist es bei mir? Was besitze ich? Um was muss ich mich sorgen? Wovon bin und mache ich mich abhängig?

*Anleitung zur Bibelbetrachtung: S. 68*

# Abschied von Franziskus

*San Francesco/Oberkirche*

## GESCHICHTE UND GESCHICHTEN

### Verabschiedung

Klara wird Franziskus um viele Jahre überleben. Sicherlich hört sie immer wieder davon, wie krank er ist. Sie erlebt ihn auch immer wieder, wenn er z. B. die Tage und Wochen in der abgedunkelten Hütte unweit von *San Damiano* verbringen und den Sonnengesang dichten wird. Und dann kommt irgendwann der Tag des Abschiedes von diesem Mann, der ihr Leben so radikal verändert hat.

Wir wollen uns nach *San Francesco* (S. 32) aufmachen und dort Klara begegnen, wie sie sich von Franziskus verabschiedet. Es ist eine bewegende, dramatisch gestaltete Szene und das einzige Fresko in der Oberkirche von *San Francesco*, in dem Klara zu sehen ist. Betrachten wir dieses Bild im zweiten Joch an der Südwand, das erste Bild unten.

Franziskus ist am Abend zuvor gestorben, am Abend des 3. Oktober 1226. Am folgenden Tag wird der Leichnam hinauf in die Stadt gebracht zur vorübergehenden Beisetzung in der Kirche *San Giorgio*. Dabei macht der Leichenzug noch einmal Halt in *San Damiano* und Klara hat mit ihren Schwestern die Möglichkeit, von Franziskus Abschied zu nehmen. In großer Erregung und Anteilnahme kommen die Schwestern aus der Kirche heraus und verehren den Leib des toten Freundes, allen voran Klara, die sich über ihn beugt. Sie, die von Anfang an nichts anderes wollte, als so wie Franziskus zu leben, und die dann mit großer Stärke und Energie selbstbewusst für ihre neue Lebensform in der Kirche kämpft. Franziskus und Klara haben einander geschätzt, sich gegenseitig bewundert und inspiriert.

### Palmsonntag und himmlisches Jerusalem

Wie bei allen Fresken im Franziskuszyklus der Oberkirche birgt auch dieses Bild eine Reihe von Inhalten und Anspielungen und somit eine ganz eigene Botschaft. Da ist zunächst die Abbildung von *San Damiano* mit prunkvoller Fassade, einem Dom in der

Klara verabschiedet sich von Franziskus

nahen Toskana ähnlich. Natürlich wussten auch die Maler jener Zeit und ihre theologisch geschulten Ideengeber, dass dieses kleine Kirchlein niemals so ausgesehen hat. Man will nicht in erster Linie wirklichkeitsgetreu abbilden, sondern vielmehr eine ganz bestimmte Botschaft vermitteln. Weitere Kompositionselemente weisen den Weg zum Verständnis: der Mann, der auf den Baum klettert, dort Zweige abreißt und die Volksmenge darunter, die ihre grünen Zweige teilweise schon in der Hand trägt. Dem damaligen Betrachter fiel sofort der Zusammenhang mit dem Einzug Jesu nach Jerusalem am Palmsonntag ein.

In ganz ähnlicher Weise wurde damals diese Szene üblicherweise dargestellt, so etwa von Pietro Lorenzetti in der Unterkirche der Basilika. Jesus zieht nach Jerusalem, dem Ort, wo er leiden, sterben, am Ende aber auferstehen wird. So wie „Jerusalem" also ein anderes Wort ist für Auferstehung, für ewiges Leben in Gott, so sehen wir in jedem Kirchenbau ein Abbild, einen Hinweis auf das himmlische Jerusalem, das Ziel und die Vollendung unseres irdischen Pilgerwegs. Wohl deshalb hat man das kleine Kapellchen von *San Damiano* derart vergrößert und verschönert dargestellt, um es zum deutlichen Hinweis zu machen auf das himmlische Jerusalem, in dem Franziskus jetzt angekommen ist, wohin ihm auch Klara folgen wird – und alle, die nach ihrem Geist und nach dem Evangelium leben.

Gleichzeitig ist der Palmsonntag auch der Tag von Klaras Flucht aus ihrem alten Leben gewesen und ein Tag voller Ungewissheit, aber auch voller Hoffnung. Was wohl bei diesem Abschied an Ungewissheit und Hoffnung in ihr war?

Wohl nicht von den Malern beabsichtigt, aber dennoch zutreffend, drängt sich ein anderer Gedanke auf. Auf der Bilderwand gegenüber sehen wir das zerfallene Kirchlein von *San Damiano* und die einstürzende Lateranbasilika in Rom, die von Franziskus gestützt und gerettet wird, wie es Papst Innozenz III. im Traum sah (S. 72). Das in starkem Kontrast dazu stehende Bild des prächtigen *San Damiano* in unserem Bild kann gleichsam ein bildhafter Verweis sein für die Früchte, die das Leben von Klara und Franziskus bringen. Die Kirche ist durch sie tatsächlich wiedererbaut, erneuert worden und zeigt ihr strahlendes Gesicht.

## ZUM NACHDENKEN UND BETEN

### Vorübergehen

Wir können die Menschen nicht festhalten, die uns wichtig geworden sind, die uns geprägt haben, die wir lieben. Das Leben ist eine Abfolge von Bekommen und Lassen. Vielleicht ist das ein Aspekt, den diese Szene, dieser Abschied ins Bild fasst. Das Leben ist ein Vorübergehen. Der Tod hoffentlich auch.

Franziskus wird nicht zu Klara gebracht, damit sie ihn festhalten kann, sondern damit sie sich verabschieden kann bzw. „Auf Wiedersehen" sagen kann. Es ist eine Prozession, ein Vorübergang, ein Abschied auf Zeit.

Das ist etwas, was wir sicherlich immer neu einüben, lernen, erfahren dürfen und manchmal schmerzlich müssen.

Die Evangelien erzählen uns auch immer wieder von Menschen, die versuchen, festzuhalten, die sich schwer tun, in diesem Vorübergang zu leben, z. B. wenn Maria Magdalena vor dem leeren Grab hören muss: „Halte mich nicht fest" (mehr zu Maria Magdalena, S. 149) oder auch, wenn Petrus bei der Verklärung (Mt 17,1–9) drei Hütten bauen und dadurch den Moment halten, nicht vorübergehen lassen möchte.

**Impuls**

*Mögliche Fragen:*

Und wie geht es mir? Wie sehr spüre ich diesen Impuls des Festhaltens? Im Staunenswerten und im (scheinbar) letzten Abschied?

*Betrachten, meditieren und „bebeten" Sie noch einmal in Ruhe das Bild und die folgenden Worte:*

## Vorübergang

Petrus möchte festhalten,
nicht ganz klug, aber verständlich.
Gerade jetzt, wenn alles hell ist.

Aber er sollte es besser wissen.
Vor kurzem ging er unter
und erfuhr, wer ihn hält.

Auch Maria Magdalena möchte festhalten,
intuitiv, erkennend und verlockend.
Gerade jetzt, wo sie neu beschenkt wird.

Wie der erste Kuss,
das langersehnte Wiedersehen,
der erste sonnige Frühlingstag.

Auch ich bin immer ein Stück wie sie,
will halten, bescheunen und umzäunen,
doch die Augenblicke ziehen vorüber.

Aber irgendwann,
irgendwann setze ich meinen Fuß
auf meine Erinnerungen

und sie werden mich tragen
auf hohe Berge und in blühende Gärten,
halten und umarmen.

# Das Leben im Spiegel

*San Damiano*

## GESCHICHTE UND GESCHICHTEN

### Reger Austausch

*Material: Ein Taschenspiegel*

Klara ist alles andere als isoliert in *San Damiano*. Auch wenn sie an diesem Ort ihr restliches Leben lang bleiben wird, hält sie nicht nur im Gebet Kontakt zu anderen Menschen, sondern auch durch Briefe. Sicher das prominenteste Beispiel hierfür ist der Briefwechsel mit Agnes von Prag. Diese böhmische Königstochter wendet sich – wahrscheinlich im Laufe der eigenen Suche nach einem gemeinschaftlichen und armen Leben – an Klara. Uns sind heute nur noch vier Briefe von Klara erhalten, die sie zwischen 1234 und 1253 an Agnes schrieb. Diese sind bis heute ein Zeugnis für Klaras Beharrlichkeit, ihre Spiritualität und Christozentrik, aber auch dafür, wie diese beiden Frauen sich über diese große Distanz hinweg gestützt und bestärkt haben.

Darstellung der heiligen Klara im Dormitorium von *San Damiano*

Klara spricht darin von Christus und vom Evangelium als Spiegel des eigenen Lebens, z. B. im vierten Brief an Agnes:

**Der Spiegel des eigenen Lebens**
In diesem Spiegel erstrahlen die selige Armut, die heilige Demut und die unaussprechliche Liebe, wie Du sie über diesen ganzen Spiegel hin mit Gottes Gnade betrachten kannst.

Richte Deine Aufmerksamkeit, sage ich, auf den Anfang dieses Spiegels und betrachte die Armut dessen, der in eine Krippe gelegt und in Windeln gehüllt wurde. O wunderbare Demut, o Staunen erweckende Armut! Der König der Engel, der Herr des Himmels und der Erde wird in eine Krippe gelegt.

In der Mitte des Spiegels betrachte die heilige Demut, die selige Armut, die unzähligen Anstrengungen und Mühen, die er um der Erlösung des Menschengeschlechtes willen auf sich genommen hat.

Am Ende des Spiegels aber versenke Dich schauend in die unaussprechliche Liebe, mit der er am Holz des Kreuzes leiden und an ihm auf die schimpflichste Todesart sterben wollte. Als dieser Spiegel selbst ans Holz des Kreuzes geheftet wurde, mahnte er die Vorübergehenden an das, was sie erwägen sollten, mit den Worten: „O ihr alle, die ihr des Weges vorüberzieht, habt Acht und seht, ob ein Schmerz ist wie mein Schmerz."

Wir sollten ihm, der da ruft und klagt, mit einer Stimme, einem Geist antworten: „Stets werde ich dessen eingedenk sein, und meine Seele wird dahinschwinden in mir".
(4 Agn, 18–24)

## ZUM NACHDENKEN UND BETEN

### Das Evangelium als Spiegel

Der Spiegel ist eine Gerätschaft, die Klara und Agnes sicherlich vor allem aus ihrem „alten" Adelsleben kannten. Es war kein Gegenstand aus einer Gemeinschaft, die in Armut lebte. Eigentlich ist der Spiegel ein Symbol der Eitelkeit (denken wir nur an die Geschichte von Narziss, der sich in sein Spiegelbild verliebt) und gleichzeitig etwas Wertvolles. Nicht jeder konnte sich damals so etwas leisten.

Spannend, dass Klara gerade dieses Bild wählt und es in völlig neuen Kontext stellt. Das Leben Jesu als Spiegel. Es geht nicht alleine darum, mein Leben im Spiegel, wie normalerweise in einem solchen, zu betrachten, sondern das Leben Jesu darin zu sehen und meines darin zu spiegeln. Es in Korrespondenz zu setzen. Mich zu fragen, was es mir für mein Leben erzählt und ob ich bereit bin, mein Bild durch das seine verändern zu lassen.

Im Brief finden wir auch ganz nebenbei diesen wunderbaren Dreiklang von Krippe, demütigem Leben und Passion Jesu. Ein ähnlicher Dreiklang, der auch bei Franziskus immer wieder aufstrahlt (S. 74).

**Impuls**

*Nehmen Sie sich wieder ein wenig Zeit. Wenn Sie einen Taschenspiegel dabeihaben, betrachten Sie sich darin (oder in der nächsten Scheibe oder im Wasser oder im Handy oder im nächsten Spiegel). Betrachten Sie sich und dann mehr den Spiegel an sich.*
Wie oft stehe ich vor dem Spiegel? Vielleicht jeden Morgen und Abend? Er hilft mir, meine Zähne zu putzen und meine Haut zu pflegen. Vielleicht zu sehen, wo es Unregelmäßigkeiten gibt. Vielleicht hilft er, damit ich mich schminken und hübsch für den Tag machen oder mich am Ende abschminken kann? Vielleicht sehe ich durch ihn auch meine Narben? Und natürlich hilft er ungemein beim Sehen, was wir anziehen wollen.

*Suchen Sie sich nun einen ruhigen Ort und lesen Sie Klaras Worte mit diesen Gedanken über den Spiegel und das Spiegeln:*
Spiegle ich mich im Evangelium? Hilft mir das Leben Jesu, die Unregelmäßigkeiten in meinem Leben zu sehen? Nütze ich es, um mich auf den Tag vorzubereiten oder auch beim „Abschminken" und Nachdenken über den vergangenen Tag? Blicke ich durch es ehrlich auf meine Wunden und Narben? Was wäre, wenn das Evangelium, das Leben Jesu, zu meinem Leben gehöre würde wie das tägliche Zähneputzen?

# Letzte Jahre: Regelbestätigung und Tod

*San Damiano/Dormitorium*

## GESCHICHTE UND GESCHICHTEN

### Krankheit und Schwäche

Klara ist viele Jahre ihres Lebens krank und immer wieder wird sie lange Zeit im Bett geschwächt im Dormitorium verbringen müssen. Besuchen wir sie dort. In diesem Schlafsaal über der Kapelle schlafen bis zu fünfzig Schwestern gemeinsam. Dieses gemeinschaftliche Leben erlaubt auch so gut wie keine Privatsphäre.

In Klaras körperlichen Leiden spiegelt sich ihr entbehrungsreiches Leben und ihre strenge Buß- und Fastenpraxis wider. Aber auch ihr Durchhaltevermögen und ihre Kraft, die sie der Kampf um ihre Lebensform und ihre Gemeinschaft gekostet hat.

Doch das hindert sie nicht daran, weiterhin für ihre Mitschwestern zu sorgen, Menschen zu beraten, zu schreiben und an ihrer Regel zu arbeiten. 1251 übergibt Klara ihren Regelentwurf dem zuständigen Kardinal Rainaldo da Jenne. Es ist nicht klar, wie gut Klaras Chancen stehen, denn die päpstliche Meinung zu neuen Frauenorden hat sich nicht geändert. Und doch: Mitte 1252 kommt die Bestätigung der Regel durch den Kardinal. Doch das ist Klara nicht genug. Sie weiß, wie es in der Kirche läuft: Will man Klarheit, dann braucht man auch eine klare Antwort von ganz oben.

### Bestätigung

1253 sollen der fertige Dom *San Rufino* und die Kirche *San Francesco* eingeweiht werden und deswegen residiert Papst Innozenz IV. in Assisi. Klara ist dem Tode nahe und hofft auf eine Begegnung mit ihm. Doch er lässt auf sich warten. Als er aber von ihrem Zustand erfährt, kommt er Anfang August zu ihr nach *San Damiano* hinunter.

Was den Papst wohl überzeugt? Die Beharrlichkeit dieser Frau? Was sie alles erreicht hat? Ihr Gott- und Evangeliumsvertrauen? Die Klarheit, die aus ihrer Regel spricht? Was auch immer … Papst

Einen Tag nach der päpstlichen Regelbestätigung ihres Ordens stirbt Klara im Dormitorium

Innozenz IV. bestätigt und approbiert Klaras Regel im Schnellverfahren. Die päpstliche Bulle dazu trifft am 10. August 1253 ein. Ihr Lebenswerk, ihre Überzeugung und die zukünftige Lebensform ihrer Schwestern werden dadurch bestätigt. Tags darauf, am 11. August 1253, stirbt Klara in *San Damiano*.

In der Ecke des Raumes ist durch ein Kreuz, eine Blume und eine brennende Kerze der Ort dargestellt, an dem Klara starb. Links daneben finden wir eine Tafel mit ihrem Bildnis.

## ZUM NACHDENKEN UND BETEN

### Besondere Freiheit

Klara beharrt bis zum Schluss auf ihrem Lebensentwurf. Auf die Art und Weise, wie sie und ihre Schwestern leben.

Objektiv betrachtet klingt diese Art zu leben ziemlich unattraktiv. Arm, ohne Absicherung, ohne Annehmlichkeiten, ohne

Besitz, ohne Schutz. Wie kann man dafür so lange und beharrlich kämpfen? Man könnte es aber auch von einer anderen Seite betrachten, von einer allgemeineren Seite: Sie kämpft um ihre Freiheit. Die Freiheit, dem Evangelium so nachzufolgen, wie sie es für richtig hält und entgegen den damals vorherrschenden Vorstellungen.

**Impuls**

*Was andere vielleicht für unvorstellbar halten, für ein unnötiges Korsett, ist für Klara echte Freiheit.*

Wie ist es mit mir?

Wie sehr bin ich mir meiner Freiheit bewusst?

Wie steht es um meine Freiheit und wie viel Freiheit lasse ich anderen Menschen?

*Hören Sie sich folgendes Lied an:*
*Meine Freiheit von Clara Louise*

# Grablegung und Verehrung

## *Santa Chiara*

### GESCHICHTE UND GESCHICHTEN

### Begräbnis

Die Biografen erzählen, dass viele Menschen aus der Stadt kommen, um sich von Klara zu verabschieden. Sie wird deshalb zur Aufbahrung in *San Damiano* hinuntergebracht. Aber schon am folgenden Tag wird Klaras Körper wie in einem Triumphzug (erinnern wir uns an das Fresco mit der Verabschiedung von Franziskus, S. 122) in die Stadt gebracht und in dem Grab in *San Giorgio*, wo Franziskus ein Vierteljahrhundert zuvor bestattet wurde, beigesetzt.

In der Kirche *Santa Chiara* ist Klara begraben

Folgen wir ihr und den Menschen in die Stadt hinauf nach *Santa Chiara*, dort wo einst *San Giorgio* stand. Spätestens hier wird klar, wie viele Menschen sie bewundert und verehrt haben, wie viele bei und durch sie Beistand und Hilfe gefunden haben. In den folgenden Wochen und Monaten pilgern Menschen von überallher zu ihrem Grab.

Nur zwei Monate nach Klaras Tod wird der Papst ihren Heiligsprechungsprozess einleiten. Es folgen Befragungen der Schwestern und Zeugen von Klaras Leben, das Sammeln von Berichten und das Prüfen von all dem. In der Zwischenzeit stirbt der gegenwärtige Papst und Kardinal Rainaldo da Jenne, eben jener, der Klaras Regel bestätigte, wird zum Nachfolger gewählt und als Alexander IV. Mitte August 1255 auch Klaras Heiligkeit bestätigen. Er ist es auch, der Thomas von Celano beauftragen wird, die erste offizielle Biografie über Klara zu schreiben.

In dieser Zeit beginnt auch schon der Bau einer großen Kirche zu Ehren Klaras. Die vorige Kirche *San Giorgio* wird in Teilen darin integriert. Ein Teil davon ist heute noch die Seitenkapelle, in der das Kreuz von *San Damiano* hängt (S. 50).

Klaras Nachfolgerin im Amt als Äbtissin ihrer Gemeinschaft möchte schon bald nach Klaras Tod ein Grundstück in der Nähe ihres Grabes erwerben. So, wie die Brüder inzwischen in einem Konvent beim Grab ihres Gründers leben, möchte sie das auch. Eine einschneidende Entscheidung für das Leben und die Struktur der Gemeinschaft, die den Schwestern sicherlich nicht leichtfällt. Nicht mehr in unmittelbarer Nähe der Stadt, sondern darin zu leben. Diese Entscheidung und die Kirchenpolitik der folgenden Jahre werden die Gemeinschaft über kurz oder lang einerseits in die schützende Stadt führen, aber andererseits auch in eine abgeschlossene Klausur.

Nachdem die Kirche *Santa Chiara* 1260 fertiggestellt ist und Klaras Leichnam dort in ihr neues Grab feierlich übertragen wurde, verlassen die Schwestern *San Damiano*, um in der Nähe von Klara zu sein.

## Santa Chiara

Die Fassade von *Santa Chiara* besteht aus den typischen weißen und rosafarbenen Steinen des *Monte Subasio*. Über dem Portal befindet sich eine große, elegante Fensterrose. Die riesigen seitlichen Strebebögen, die die Architektur fast schon bestimmen, wurden Ende des 14. Jahrhunderts hinzugefügt. Im Inneren finden wir im Gegensatz zur Basilika fast keine Fresken, weil die Kirche im 18. Jahrhundert fast vollständig geweißt wurde. In der Seitenkapelle finden wir noch einige Fresken aus der Schule von Giotto di Bondone und Ambrogio Lorenzetti. Ein mächtiges Ikonenkreuz dominiert das Hauptschiff der Kirche. Es stellt, im Gegensatz zum Kreuz von *San Damiano*, einen leidenden Christus dar. Im 19. Jahrhundert wird dann Klaras Grab zugänglich gemacht und die Krypta im neugotischen Stil so gestaltet, wie wir sie heute vorfinden.

## Europaweiter Orden

Klara hat nicht nur eine Gemeinschaft in Assisi gegründet. Zum Zeitpunkt ihres Todes zählt ihre Gemeinschaft an die 170 Standorte in ganz Europa. Vielfältig, aber trotzdem einheitlich in den Grundlagen der Evangeliumsnachfolge, wie sie Klara wichtig waren. Doch zehn Jahre später – die ersten Gefährtinnen leben zu diesem Zeitpunkt allesamt nicht mehr – erlässt der Papst einen Erlass, dass alle Schwestern des Ordens von *San Damiano* in strenger Klausur leben sollen, also nicht weltoffen, wie es Klara und Franziskus wichtig war, und auch das Privileg der Armut verschwindet in der Schublade der Vergangenheit. Sie werden zu den „Klarissen". Die Ordensregel von Klara, immerhin päpstlich bestätigt, fällt unter den Tisch und nur wenig davon und von Klaras spiritueller Grundhaltung fließen in die neue (alte) Regel der päpstlichen Verordnung.

Immer wieder gibt es im Laufe der Jahrhunderte Aufbrüche unter den Klarissen, sich ihrer Gründerin wieder mehr anzunähern, aber erst im 20. Jahrhundert machen sich viele Gemeinschaften konkret dazu auf oder gründen sogar neue Gemeinschaften, um in heutiger Zeit nach der alten Regel Klaras zu leben.

Erst in den vergangenen Jahrzehnten holt die moderne Forschung Klara aus dem Schatten hinter Franziskus hervor, in dem sie lange stand, und erkennt ihr eigenständiges Handeln als erste Frau in der Kirche, die eine Ordensregel schreibt und für ihre Anerkennung kämpft bis kurz vor ihrem Tod.

## ZUM NACHDENKEN UND BETEN

### Kirche entdecken

*Santa Chiara* ist nicht nur äußerlich durch ihre mächtigen Stützbögen und ihren wunderschönen Vorplatz mit der weiten Aussicht ins Tal eine besondere Kirche. Auch innen ist sie besonders und abwechslungsreich. Man könnte fast den Eindruck bekommen, dass es drei verschiedene Orte sind, die durch die Geschichte Klaras verbunden sind.

Zum einen das große Hauptschiff der Basilika, schlicht und klar, dann die Seitenkapelle mit dem Kreuz von *San Damiano* als Fixpunkt mit den Fresken im Hintergrund und zuletzt natürlich die Grabeskrypta mit den persönlichen Gegenständen von Klara und ihrem Grab.

**Impuls**

*Es bietet sich an und lohnt sich, diesen Raum, diese Räume pädagogisch, neugierig und erfahrungsgemäß zu erschließen, deswegen hier drei Vorschläge dafür.*

*Nehmen Sie sich für eine Übung ca. 20 bis 30 Minuten Zeit. Die Vorschläge sind – ein wenig abgewandelt – natürlich auch alleine durchführbar.*

Blick auf *Santa Chiara*

## Den Kirchenraum erkunden

*Sinn und Wort*

Zwei Menschen schließen die Augen und werden gemeinsam von jemandem in das Hauptschiff der Kirche geführt. Ihre Aufgabe: Sie sollen zuerst mit geschlossenen Augen drei Minuten lang hören und riechen. Anschließend sollen sie mit geschlossenen Augen erzählen, was sie hier hören und riechen. Wie dies auf sie wirkt. Und dann die Augen öffnen, auf das Licht und den Raum achten. In Stille die Eindrücke wieder drei Minuten auf sich wirken lassen und dann anschließend einander davon erzählen. Wenn alle die Kirche gerochen, gehört und gesehen haben und anschließend Zeit ist, kann sich die ganze Gruppe gemeinsam darüber austauschen, was ihnen bei der Übung aufgefallen ist.

*Ort und Wort*

Jeder bzw. jede erkundet und entdeckt die Kirche für sich. Anschließend soll jede Person in Stille und für sich ihren Ort in der Kirche finden. Warum dieser Ort der „richtige" ist, bleibt jedem überlassen. Ist es ein Ort, an dem man besonders für sich sein kann oder einen guten Blick auf etwas hat, an dem man stehen oder sitzen kann? All das bleibt jedem selbst überlassen. Probieren Sie verschiedene Orte aus. Wie fühlt es sich an, dort zu sein? Und wenn er doch nicht passt, gehen Sie und suchen Sie weiter.

Danach treffen sich alle wieder draußen vor der Kirche, bilden Zweier- oder Dreiergruppen. Die Kleingruppen gehen gemeinsam hinein und zeigen den jeweils anderen „ihren" Platz und was ihnen daran gefällt, guttut bzw. sie fasziniert.

*Klara auf den Punkt gebracht*

Wir haben vieles von Klaras Geschichte und ihrem Leben gehört. Wir können versuchen, es hier zu verorten. Gehen Sie alleine in die Kirche, erkunden Sie diese und fragen Sie sich: Welcher Ort, welches Kunstwerk, welcher Gegenstand erzählt etwas für mich Wichtiges oder Faszinierendes aus Klaras Leben? Danach treffen sich alle wieder vor der Kirche, in Kleingruppen gehen Sie nochmals hinein und zeigen einander die Orte, die etwas Wichtiges und Faszinierendes über Klara erzählen.

# Zeittafel: Klara

| | |
|---|---|
| 1193 | Geburt in Assisi |
| 1199 | Familie flieht aufgrund des Bürgeraufstandes nach *Perugia* |
| 1209 | Klara kehrt zurück nach Assisi |
| 1210 | Kontakt zu den Brüdern und zu Franziskus |
| 1211 | In der Nacht vom Palmsonntag Flucht, Einkleidung durch Franziskus |
| | Kar- und Ostertage bei den Benediktinerinnen von *San Paolo delle Abadesse;* anschließend einige Zeit bei den Schwestern von *Sant'Angelo di Panzo* |
| | Erste Gefährtinnen schließen sich an |
| | Beginn des gemeinschaftlichen Lebens in *San Damiano* |
| 1214/16 | Klara sichert sich vom Papst das Privileg der Armut |
| 1238 | In *San Damiano* sind inzwischen 50 Schwestern namentlich bezeugt |
| 1240 | Überfall durch islamische Truppen in *San Damiano*, Abwehr durch ein Gebetswunder Klaras |
| 1249 | Klara beginnt an einer eigenen Regel zu arbeiten |
| 1252 | Kardinal Rainaldo da Jenne approbiert Klaras Regel |
| 1253 | Am 9. August bestätigt Papst Innozenz IV. die Regel |
| | Am 11. August stirbt Klara in *San Damiano* |
| | Beisetzung am folgenden Tag in *San Giorgio* |
| 1255 | Heiligsprechung |

## PLATZ FÜR NOTIZEN

# 4. Orte, die zum Gebet einladen

## Schlichte Klarheit

### *San Masseo*

*San Masseo* ist eine kleine, ruhige und wundervoll klare Kapelle mit einer alten romanischen Krypta. Sie liegt unterhalb von Assisi, ungefähr auf gleicher Höhe wie *San Damiano*, nur ein wenig weiter westlich. Am besten erreicht man *San Masseo*, wenn man die Stadt aus der *Porta Moiano* verlässt und der Straße einfach den Hügel hinab folgt.

Ganz genau lässt sich diese Kapelle nicht datieren. Möglicherweise befand sich in der Antike dort schon ein Tempel. Die Kirche *San Masseo* wurde wahrscheinlich zwischen 1059 und 1091 erbaut

*San Masseo* – ein besinnlicher Ort

Der Innenraum der Kapelle

und war zurzeit des Franziskus ein ziemlich einsamer Ort. Es wird vermutet, dass die Krypta für ihn in seinen Jahren der Suche ein Rückzugsort des Gebets war. Die Drei-Gefährten-Legende spricht von „einer verlassenen Krypta im Umfeld der Stadt" (vgl. Gef 13).

Ende der siebziger Jahre im vergangenen Jahrhundert blühte der Ort als franziskanisches Jugendzentrum auf und war nach dem Erdbeben 1997 eine Zeit lang wieder völlig verlassen.

Die ökumenische *comunità monastica* von Bose hat den Ort gekauft und zwei Jahre lang renoviert. Seit 2011 leben dort Mitglieder der Gemeinschaft, arbeiten und beten dort. Die Gemeinschaft von Bose besteht aus Brüdern und Schwestern, die aus der römisch-katholischen, evangelischen und orthodoxen Kirchen stammen.

Wer *San Masseo* heute besucht, wird von den Mönchen eingeladen, es still zu tun und sich anzumelden. Es reicht, wenn man dort ist, klingelt und Bescheid gibt, dass man die Kirche besuchen möchte. Einzelpersonen dürfen dort auch gerne an den Gebetszeiten teilnehmen.

Die obere Kirche wie auch die frühmittelalterliche Krypta laden zum schweigenden Verweilen ein und haben ihre ganz eigene und schlichte Strahlkraft.

Ein guter Ort, um Franziskus ein Stück nachzugehen und Gott in Wort, Gedanken und Gebet nahezukommen.

## Mittendrin und doch abseits

### *San Giacomo de Muro Rupto*

Eine kleine schlichte Kapelle, die um das Jahr 1000 gebaut wurde und sich wahrscheinlich seit der Zeit von Klara und Franziskus nur wenig verändert hat. Die Kirche wurde damals, wie so oft, auf den Ruinen eines römischen Tempels erbaut. Der Name erzählt etwas von ihrer Lage: *Muro*, weil sie neben der Stadtmauer liegt und weil diese dort nicht mehr ganz intakt und gebrochen war, wurde ein *rupto* angefügt.

In der Kapelle hat sich seit der Zeit von Franziskus nur wenig verändert

Angeblich wurde das Kirchlein im Jahr 1256 den Schwestern von Klara geschenkt. Benedetta, die nach dem Tod Klaras Äbtissin in *San Damiano* wurde, soll es dann wiederum der Bischofskirche *San Rufino* geschenkt haben, um im Tausch dafür die Kirche *San Giorgio* (heute *Santa Chiara*) zu bekommen, in der Klara bereits begraben lag.

Seit 1892 sind Franziskanerinnen hier in *San Giacomo*.

Wenn man vom Stadttor *San Giacomo* der *Via San Giacomo* hügelaufwärts folgt, kommt man automatisch linker Hand zu den Schwestern (*Via Metastasio,* 18), in deren Haus die Kapelle liegt. Um die Mittagszeit ist es dort geschlossen. Aber morgens und nachmittags darf man klingeln und die Schwestern machen einem sehr gerne auf. Es erwartet Sie im Inneren ein zauberhafter, kleiner Kreuzgang und geradeaus durch finden Sie die – zugegebenermaßen düstere – kleine romanische Kirche. Manche empfinden diese Atmosphäre vielleicht als bedrückend, aber sie kann genauso bergend wirken. Ein Ort der Sammlung und Ruhe.
Beachtenswert ist auch das Fresko mit Maria und dem Kind an der linken Innenwand.
Ein guter Ort für die eine oder andere Gebetszeit. In der Stadt, aber doch für sich. Nahe und doch ohne Trubel.

## Carlo Acutis: Glaube in der Gegenwart

### *Santa Maria Maggiore*

Mit dem Grab von Carlo Acutis in der Kirche *Santa Maria Maggiore* bekam Assisi in jüngster Zeit noch ein weiteres Pilgerziel. Der aus Mailand stammende Junge (1991–2006) zeigte schon in früher Kindheit eine große Begeisterung für den Glauben. Er engagierte sich als Gemeindekatechet, in der Jugendarbeit und besonders auch in der Hilfe für Obdachlose und Bedürftige. Als leidenschaftlicher und kundiger Nutzer des Internets entwickel-

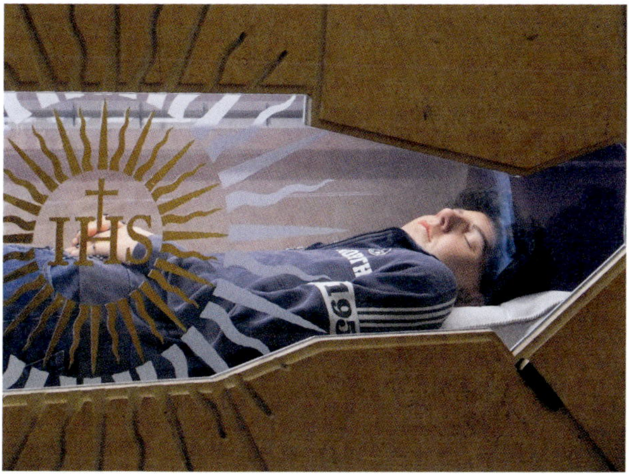

Carlo Acutis wurde im Jahr 2020 seliggesprochen

te er mehrere Dokumentationen über Marienerscheinungen und eucharistische Wallfahrtsorte, die heute als Wanderausstellungen durch die Welt ziehen. Seine Liebe zum hl. Franziskus führte dazu, dass seine Familie in Assisi ein Haus erwarb und regelmäßig die Ferien hier verbrachte. Schon zu seinen Lebzeiten waren viele Menschen angetan von Carlos überzeugter Religiosität und seinem vielfältigen kirchlichen und sozialen Engagement.

Eine aggressive Leukämieerkrankung führte innerhalb weniger Wochen zu seinem frühen Tod, dem er in gläubigem Vertrauen auf Gott entgegensah. Seinem Wunsch gemäß wurde er in Assisi bestattet und sein Grab wurde bald zum vielbesuchten Gebetsort. Auf vielfachen Wunsch hin wurde ein kirchliches Verfahren eröffnet, das zur Seligsprechung Carlos im Jahr 2020 in der Basilika *San Francesco* führte. Bereits vorher wurde sein Leichnam in die Kirche *Santa Maria Maggiore* überführt, wo er in präparierter – nicht unverwester – Form öffentlich sichtbar ist. Das Reliquiar mit dem Herzen von Carlo Acutis befindet sich in *San Rufino*.

Carlos irdisches Leben war kurz, aber voller Energie und Hingabe für Gott und die Menschen. So kann er gerade für Jugendliche ein Beispiel sein, wie franziskanisch geprägtes Christsein heute gelebt werden kann – als erster Seliger der Kirche mit einem eigenen Facebook-Profil.

# Einfach raus

## *Olivenhaine, Waldwege ...*

Franziskus und seine Brüder waren viel unterwegs. Die Wege waren aber nicht nur Mittel zum Ziel und zum Zweck. Sowohl die Vogelpredigt (Fresken mit deren Darstellung finden sich in *San Francesco*) als auch die Strahlkraft des Sonnengesangs (S. 88) erzählen davon, dass es für Franziskus ganz selbstverständlich war, der ganzen Schöpfung die frohe Botschaft zu bringen, aber auch Gott in allen Geschöpfen zu begegnen. Es zeigt sich darin Staunen und Beschenkt-Werden gleichermaßen. Es ist ein Wechselspiel: die Schöpfung des lebendigen Schöpfers wahrzunehmen und gleichzeitig auch diese Schöpfung immer wieder an das Wirken Gottes und die frohe Botschaft zu erinnern, daran, wie vielfältig dies alles in ihr aufstrahlt und sich immer neu zeigt … Es ist ein Dialog, ein Fragen und Antworten. Eine immer neue Begegnung.

Gerade deswegen bietet es sich in Assisi auch an, einfach mal draufloszugehen und zu wandern. Ins Tal oder auf den *Monte Subasio*, in den *Bosco di San Francesco* (kostet Eintritt, Eingang bei der Oberkirche) oder in Richtung *San Damiano*; in einem Olivenhain sitzen (bitte keine Äste abreißen) oder einfach auf der *Rocca* den sanften Wind um die Nase zu spüren. Beten Sie im Gehen, im Sehen, im Hören, im Riechen und im Fühlen.

Olivenhaine in der Gegend von *San Damiano*

# 5. Fresken und Bilder, die zum Gebet einladen

## Franziskus von Cimabue

*San Francesco/Unterkirche*

Im rechten Querhaus der Unterkirche zieht das Franziskusbild des Malers Cimabue (S. 24) seit jeher die Blicke der Menschen auf sich. Gerade in neuerer Zeit wurde das Bild immer beliebter, denn unter allen frühen Darstellungen des Heiligen sieht man in diesem Fresko eine getreue Abbildung des Franziskus, so, wie ihn die Zeitgenossen kannten. Dies kam erst wieder ins Bewusstsein, als bei einer Restaurierung des Bildes Ende der 1960er Jahre die Übermalungen der Renaissancezeit entfernt wurden und dadurch die Übereinstimmung wieder sichtbar wurde mit der Beschreibung seines Aussehens in der ältesten überlieferten Biografie, die Thomas von Celano über ihn verfasst hatte.

Da es sich jedoch bei allen frühen Darstellungen des Franziskus um mittelalterliche Bilder ohne den Charakter eines Porträts handelt, bleibt uns das genaue Aussehen des *Poverello* (des „kleinen Armen") unbekannt.

Es stellt sich allerdings die Frage, ob es überhaupt relevant ist. Auch dieses Bild hat eine ganz bestimmte Botschaft zu verkünden, die sich bei genauerem Blick darauf erschließt. Franziskus hält das Evangelienbuch in der Hand und es sind die Wundmale Jesu sichtbar an den Händen, an den Füßen und an der Seite. Die Zeichen also seiner Ähnlichkeit mit Christus, die er allerdings zu Lebzeiten verborgen hielt, sind deutliche Hinweise darauf, dass das Bild von seiner theologischen Aussage her zu verstehen ist. Das Evangelienbuch und die Wundmale verweisen auf das, was wir den Kern und das Zentrum der Lebensbotschaft des Franziskus nennen können: Er lebt nach dem Evangelium und wird dadurch Christus ähnlich.

**Impuls**

*Es stellt darin auch jedem Betrachter die Frage:*
Hat das Evangelium in meinem Leben eine Relevanz?
Und wer ist Christus für mich?

## Franziskanisch geprägtes Christsein

### *San Francesco/Unterkirche*

Im Gewölbe über dem Altar der Unterkirche vertiefen die Giotto-Fresken inhaltlich in allegorischen, symbolhaften Darstellungen die drei Grundhaltungen, die franziskanisch geprägtes Christsein ausmachen: Keuschheit, Gehorsam, Armut.

Auf der Nordseite ist die Allegorie der *Castitas*, der Keuschheit, zu sehen. Im Turm einer Burg, behütet und geschützt, sitzt die Symbolfigur, eine junge Frau. Gemeint ist mit ihr nicht nur die ehelose Keuschheit, sondern die Liebe insgesamt in ihren verschiedenen Aspekten. Sie ist ein kostbares Gut, das es zu schützen gilt. Wie schnell wird Liebe zerstört, Vertrauen verletzt. Am Bildrand werden die Fehlformen der Liebe, die sie zerstören wollen – sichtbar gemacht in üblen Gestalten –, davongejagt.

Auf der Seite gegenüber erscheint die Allegorie des Gehorsams. Drei Symbolfiguren sitzen im Kapitelsaal eines Klosters. In der Mitte der Gehorsam, der zum Schweigen mahnt, flankiert von der Demut im schlichten Gewand und der Umsicht, die mit zwei Gesichtern Vergangenes und Zukünftiges im Blick hat. Im Schweigen auf das Wesentliche hören, geerdet sein und auf dem Boden der Tatsachen stehen sowie das Ganze im Blick haben, sind wichtige Kriterien für die Reifung des Menschen und die Schulung seines Gewissens. Wenn ich alle Vorhaben und Projekte im Leben unter diesen Kriterien betrachte, dann wird es zu guten Entscheidungen kommen.

Die Keuschheit, die auch für die Liebe steht, sitzt gut geschützt in einer Burg

Wo diese Haltungen gelebt werden, da ist wahrer Gehorsam möglich, der im Hören, im Geerdet-Sein und in der klugen Umsicht das Wohl aller fördert.

Die Armut, als grundlegende Tugend bei Franziskus, ist im mittleren Dreiecksgewölbe gemalt. In der Gestalt einer Braut erscheint sie hier, freilich im armseligen, zerrissenen Hochzeitskleid. Christus verbindet Franziskus mit ihr, denn eigentlich ist sie seine, also Christi Braut. Mit ihr hat sich Jesus gleichsam selbst vermählt in seiner Menschwerdung in Armut, in seiner Passion, seiner demütigen Gegenwart im Brot auf dem Altar.

Die Haltung der Armut provoziert. Im Bild sind sowohl Nachahmer zu sehen als auch solche, die sie ablehnen oder gar verhöhnen. Für Franziskus hat die Armut eine vielfältige Bedeutung. Im Evangelium hört er den Ruf zum Besitzverzicht zugunsten der Armen, die Erfahrungen bei den Aussätzigen öffnen in ihm die Frage nach Gott, die Präsenz Gottes in den einfachen Gaben von Brot und Wein auf dem Altar zeigt Franziskus einen Gott, der anders ist, als er es

Die Armut ist als Braut dargestellt

vielleicht lange vermutete. Aus der Verkündigung und dem Handeln Jesu heraus wird die Armut zur zentralen Haltung franziskanischen Christseins, für Franziskus bedeutet sie im tiefsten Sinn Verzicht auf Machtausübung und Meidung von allem, was der Nachfolge Jesu im Weg steht.

**Impuls**

*Es ist lohnenswert, diesen ganz eigenen Dreiklang in Ruhe zu meditieren. Vielleicht sich aber auch jeden Tag nur einen für eine halbe Stunde vorzunehmen.*

Wie sieht es in meinem Leben mit der Liebe in diesem Sinne aus?
Spielt Gehorsam in meinem Leben eine Rolle?
Und wie „arm" bin ich?
Kennen ich diese Braut oder ist sie mir fremd?

# Seitenkapelle Maria Magdalena

*San Francesco/Unterkirche*

Um das Jahr 1300 wurden an das Langhaus der Unterkirche mehrere Seitenkapellen angebaut. Grund dafür war nicht nur ein erhöhter Platzbedarf für die steigende Zahl der Pilger. Es vollzieht sich ein Wandel in der Mentalität der Menschen und in ihrem religiösen Leben. Der Einzelne erfährt sich mehr als Individuum auf seinem persönlichen Weg hin zu Gott. Es braucht mehr Raum für das persönliche Gebet in der Seelsorge. Der gotische Baustil drückt das in deutlicher Weise aus. Der Mensch soll sich nach oben ausrichten, den Blick hin auf das Licht richten und so näher zu Gott kommen.

Dass die dritte Seitenkapelle im Langhaus rechts der heiligen Maria Magdalena geweiht ist, kann wohl auf einen wachsenden Einfluss der Frauen zurückgeführt werden. Wohlhabende Bürgerinnen der Stadt legen den finanziellen Grundstock für die Errichtung der Kapelle, vom Maler Giotto und seiner Werkstatt wird sie wunderschön ausgemalt, sein letztes Werk in dieser Kirche.

„Halte mich nicht fest!" – Maria Magdalena begegnet dem Auferstandenen

In der Person der Maria von Magdala sah man durchaus auch Gemeinsamkeiten mit dem Leben des Franziskus. Sie folgt Jesus nach, bleibt ihm in leidenschaftlicher Zuneigung verbunden und begleitet ihn bis unter das Kreuz, wo ja bekanntlich mehrere Frauen und nur wenige Männer Jesus treu bleiben. Danach wird sie zur Verkünderin der Auferstehungsbotschaft – bemerkenswert ist diese Überlieferung, wo sonst das Zeugnis von Frauen damals nicht gehört wurde.

Leider wurde in Theologie und Geschichtsschreibung über Jahrhunderte die Person der Maria Magdalena abgewertet, marginalisiert und mit der Geschichte anderer biblischer Frauengestalten fast bis zur Unkenntlichkeit vermischt. Einen traurigen Höhepunkt darin bildet die berühmte *Legenda Aurea* des Jacopo di Voragine, die populärste Sammlung von Heiligenlegenden des Mittelalters. Sie ist auch Grundlage für die Ausmalung unserer Kapelle.

Nur ein Bild in ihr bezieht sich tatsächlich auf das Leben der Maria von Magdala, die bewegende und bewegte Szene ihrer Begegnung mit dem Auferstandenen am Ostermorgen (Joh 20,1–18). Wunderschön hat der Maler diesen Moment dargestellt, indem Maria ihren Herrn erkennt und sich ihm zuwendet.

Erst in jüngster Zeit hat Papst Franziskus offiziell das Glaubenszeugnis dieser Frau anerkannt und sie in den Rang einer Apostelin erhoben. Sie, die den Mut hatte, zu Jesus zu stehen und seine Botschaft zu verkünden.

**Impuls**

*Natürlich lohnt es sich, alle Fresken hier in Ruhe zu betrachten. Aber die Auferstehungsszene ist schon etwas Besonderes. Der Ostermorgen ist Endpunkt und Neuanfang gleichermaßen, deswegen kann es eine gute Übung sein, sich diesem Evangelium, diesem Bild am letzten Tag einer Assisireise zuzuwenden.*

Wo ist mir Neues in diesen Tagen aufgegangen?
Wo ist mir etwas entgegengekommen?
Was kann ich davon festhalten und was nicht?
Was will ich jemandem unbedingt erzählen?

# Franziskus, Christus und die Sache mit dem Kreuz

## *San Francesco/Abgang in die Unterkirche (außen)*

Wenn Sie in der Unterkirche im Altarraum die Treppen auf der linken Seite nach oben gehen, kommen Sie nach draußen in den Innenhof. Rechter Hand sehen Sie nun die Eingänge zum Museum von *San Francesco* und zum Klosterladen. Weiter rechts der Aufgang in die Oberkirche und daneben der Abgang in die Unterkirche.

Über dem Abgang ist ein verblasstes Fresko zu finden, das bei vielen Menschen wenig Beachtung findet. Es ist Teil eines ganzen Zyklus, aber durch die Witterungseinflüsse der Jahrhunderte wurden die anderen sehr stark beschädigt. Nur noch das auf der gegenüberliegenden Seite und dieses hier sind gut zu sehen. Es zeigt die Kreuzesnachfolge (Mt 16,24–25) und damit einen der biblischen Grundlagentexte für Franziskus.

Die Kreuzesnachfolge ist ein wesentlicher Aspekt in der franziskanischen Spiritualität

**Impuls**

*Hier bietet sich eine Bildbetrachtung an – persönlich oder in der Gruppe. Wir wollen das Bild in fünf Schritten, fünf „Blicken" für uns und unser Leben und Glauben erschließen. Es kann hilfreich sein, die „Augenblicke" kurz zu notieren und sich im Anschluss darüber auszutauschen.*

### Bildbetrachtung

*1. Blick*: Was sehe ich auf dem Bild? Einfach darauf schauen. Noch gar nicht interpretieren. Wer und was ist auf dem Bild zu sehen?
*2. Blick*: Wie ist das Bild strukturiert? Aus welcher Richtung wird das Bild „gelesen"? Wer nimmt welchen Raum ein? Was für Gegenstände gibt es? Welche Achsen und Blickrichtungen? Wie steht es um Körpersprache, Haltung, Gestik, Mimik? Was ist im Vordergrund und was im Hintergrund?
*3. Blick*: Was für eine Resonanz findet das Bild in mir? Welche Gefühle und Widerstände spüre ich bei der Betrachtung? Was entspricht mir und was nicht?
*4. Blick*: Warum wurde dieses Bild gemalt? Was will es aussagen? Was für Bibelstellen, Lebensgeschichten, Vorstellungen stehen in seinem Hintergrund?
*5. Blick*: Was sagt mir das Bild? Erzählt es nur etwas Altes und Vergangenes oder kann es auch heute noch etwas für mein Leben bedeuten? Kann ich mich darauf einlassen und wenn „ja", wie?

## Judas, Franziskus und Schwester Tod

*San Francesco/Unterkirche*

Die Freskenfülle in *San Francesco* bringt es mit sich, dass viele Bilder und Darstellungen wenig bis keine Beachtung finden. Aber es bringt auch mit sich, dass es immer neue Bilder, Blickwinkel und Geschichten zu entdecken gibt. Vielleicht auch eigene Bögen und Zusammenhänge, die nur Sie aus Ihrem Leben heraus sehen und herauslesen können. So vielleicht auch bei den zwei folgenden „kleinen" Bildern, die miteinander korrespondieren (können).

Gehen Sie dafür in die Unterkirche in den linken, gewölbten Bereich neben dem Altar. Wie schon beschrieben, finden wir hier an den Wänden die Passion und Auferstehung (S. 74). Diese Bilder erzählen etwas von Gemeinschaft, aber auch von Ein-

Franziskus mit „Schwester Tod" aus dem Sonnengesang

samkeit. Richten Sie Ihren Blick auf den Treppenaufgang, der nach oben und draußen führt. Links neben ihm hängt Judas. Er konnte es nicht ertragen, dass er Jesus ausgeliefert hatte und damit auch für seinen Tod mitverantwortlich war (beschrieben in Mt 27,3–10). Das Grauen ist ihm ins Gesicht gemalt, sein Innerstes wurden nach außen gekehrt. Seine Gedärme quellen hervor. Ein furchteinflößendes und einsames Bild.

Und nun gehen Sie auf die gegenüberliegende Seite jenseits des Altars. Zu dem Gewölbe, das hauptsächlich von der Menschwerdung und der Kindheitsgeschichte Jesu erzählt. Dort, rechts vom Treppenaufgang, finden Sie Franziskus und, wie er im Sonnengesang singt, seine Schwester, den Tod. Dem Tod rutscht die Krone von seinem Totenkopf. Ein Zeichen dafür, dass kein Reichtum, kein Amt und keine weltliche Wichtigkeit mit in den Tod genommen werden können. Gleichzeitig erzählt es aber auch, dass der Tod nicht das letzte Wort hat, nicht Herrscher ist, der weiterhin eine Krone trägt, sondern einfach jemand, der auf Augenhöhe steht, der dazugehört und der vergänglich ist wie alles andere. Franziskus hat ihm bzw. ihr freundschaftlich die Hand auf die Schulter gelegt.

Warum ist dieses Bild wohl hier? Auf der Seite der Geburt Jesu, der Menschwerdung? Vielleicht, weil der Tod dort schon angelegt ist, dazugehört und geschwisterlich von Anfang an ein Leben lang mitgeht.

**Impuls**

*Die beiden Bilder, Judas und Franziskus mit dem Tod, die beiden Geschichten haben vorerst nichts miteinander zu tun, aber wir können sie auch als Meditation über den Tod lesen.*

Wie sehe ich den Tod? Habe ich Angst vor ihm? Habe ich Angst vor den Schmerzen? Angst, dass ich alleine sein könnte? Ohne Versöhnung, ohne Freunde oder ohne Familie? Ist der Tod für mich eine laute und hässliche Gefahr, die immer und überall auf mich lauert?

Oder habe ich Zutrauen, dass der Tod einfach dazugehört? Dass es Gemeinschaft gibt im Leben und im Tod? Dass der Tod nicht Endstation, sondern Durchgang ist. Ein stiller und unnachgiebiger Freund, dessen Freundschaft mich zwar einiges kostet, aber die auch ein Geschenk ist?

# Die Einheit der franziskanischen Familie

## *San Francesco/Museum*

Das Museum der Basilika *San Francesco* liegt gleichsam als ein verborgener Schatz im Innenhof hinter der Kirche.

Gleich am Eingang überrascht ein Kunstwerk, das allein schon durch seine Höhe von über 4 Metern ins Auge sticht. Ein Bildteppich aus einer flämischen Werkstatt etwa aus dem Jahr 1478, gestiftet von Papst Sixtus IV. Ein Franziskaner, der Papst wird und das Leben eines Renaissancefürsten führt. All das hat es auch gegeben in der wechselvollen Geschichte der katholischen Kirche. Vieles von damals sehen wir heute kritisch, ohne Zweifel beeindruckend bleiben die Kunstschätze und kulturellen Zeugnisse dieser Zeit.

Das Thema des Bildteppichs ist der Stammbaum der franziskanischen Familie mit ihren Heiligen und weiteren prominenten Personen. Der obere Bereich wird von einem gewaltigen Baum geprägt, dessen Stamm Franziskus selber bildet, dargestellt im Moment

Der Bildteppich aus dem 15. Jahrhundert stellt den Stammbaum der franziskanischen Familie dar

der Stigmatisation. Überdacht wird er von einem roten Baldachin, dessen Aufschrift ihn als Stifter dreier Orden ausweist und auf das Gesamtthema des Kunstwerks hinweist: die Einheit der franziskanischen Familie. Links über ihm sitzt der heilige Ludwig von Toulouse, Sohn des Königs von Neapel aus dem Adelshaus Anjou, das dem jungen Franziskusorden eng verbunden war. Als dritter heiliggesprochener Minderbruder erscheint rechts von Franziskus nun Antonius von Padua. Bemerkenswert ist seine Darstellung mit Kreuz, Lampe (oder gerolltem Buch) und einer roten Teufelsgestalt hinter ihm. Das alles bezieht sich auf ihn, als den großen Verkünder der Botschaft Jesu, der durch das Licht des Evangeliums „die Dämonen vertreibt", wie es der älteste Hymnus an seinem Festtag besingt.

Rechts oben ist Bernhardin von Siena zu sehen. Dies ist insofern bemerkenswert, als Ende des 15. Jahrhunderts bereits eine

Teilung des Ordens in die beiden Zweige der Konventualen und Observanten bestand. Er war ein Förderer der Verehrung des Namens Jesu – worauf das IHS-Monogramm in seiner Rechten hinweist. Er steht zeitlebens als verbindende Gestalt zwischen den beiden Gruppierungen und ist überall als wortgewaltiger Prediger geschätzt. Es folgt nun links in der Mitte die heilige Klara mit dem Eucharistiegefäß in der Hand. Als Vertreter des weltlichen dritten Ordens der heilige Elzearius von Sabran und rechts Elisabeth von Thüringen mit der Fürstenkrone in der Hand und dem Gewand, mit dem sie die Armen bekleidet.

Der untere Teil des Bildteppichs bildet eine Blumenwiese, Hinweis auf das verlorengegangene Paradies, aber auch hoffnungsvolles Zeichen für die bevorstehende Vollendung in Gott, an der auch jene teilhaben können, die nicht zum offiziellen Kreis der Heiligen gehören.

In der Mitte stehen drei Franziskanerpäpste. Im Zentrum Sixtus IV. als Stifter des Werkes, flankiert von Nikolaus IV., dem ersten Papst aus dem Orden der Minderbrüder, gewählt 1288, und Alexander V. (1410), der heute als Gegenpapst bezeichnet wird. Zwei mittelalterliche Franziskanertheologen runden die Szene ab, rechts der Franzose Petrus Aureoli und schließlich der heilige Bonaventura von Bagnoregio, dessen große Franziskusbiografie über Jahrhunderte hinweg prägend wirkte.

Eine bunte Mischung von Personen unterschiedlicher Prägung also aus einer für uns heute weit entfernten, fremden Zeit. Und doch auch ein ermutigendes Zeichen der Einheit in großer Vielfalt, von Menschen, die alle erfüllt sind von der Leidenschaft der Nachfolge Jesu, der auf dem Arm seiner Mutter über der ganzen Szene steht.

Er zeigt die Realität der Vielfalt mit all ihren Zerreißproben, aber eben auch die gemeinsame Grundlage, Sehnsucht und Hoffnung.

**Impuls**

*Vielleicht kann das Bildprogramm auch Sie fragen:*
Wieviel Vielfalt kann ich zulassen? In Gesellschaft, Familie, Kirche?
Wieviel Einheit/Gemeinsamkeit suche und ersehne ich?
Was ist meine/unsere gemeinsame Basis?

# 6. Orte um Assisi, die zum Entdecken einladen

## Ein Ort des Anfangs

*Rivotorto*

*Rivotorto* (übersetzt: gewundener Bach) liegt nur ein paar Kilometer südöstlich von Assisi das Tal hinunter. Es ist zu Fuß von *San Damiano* (ca. 30 Minuten) oder mit dem Bus vom Bahnhof aus erreichbar.

Wir schreiben das Jahr 1208. Franziskus hat inzwischen eine Handvoll Mitbrüder, die sein Leben und seine Nachfolge im Evangelium mit ihm teilen wollen. Hier in *Rivotorto* befanden sich damals Ställe, die Franziskus und seinen Brüdern als Unterkunft dienten. Keiner kann mehr sagen, wo die Ställe genau standen, aber es muss irgendwo hier gewesen sein.

Nachbildung der ersten Hütten in der Kirche *Santa Maria* (*Santuario del Sacra Tugurio di Rivotorto*)

Einerseits war das Leben sicherlich kärglich und nicht einfach, aber anderseits standen sie alle noch am Anfang, begeistert und leidenschaftlich. Es gab noch keine großen Auseinandersetzungen über Besitz und Ordensstruktur. „Jedem Anfang wohnt ein Zauber inne", hat Hermann Hesse so prominent einmal geschrieben. Ein Stück des Zaubers dieses franziskanischen Anfangs befindet und findet sich sicherlich in *Rivotorto*.

Als die Zahl der Brüder wuchs, verließen sie diesen Ort und gingen nach *Portiuncula*. Wobei es nicht so zu verstehen ist, dass sie den einen festen Ort verließen, um an den anderen zu gehen. Sie waren und bleiben Wanderprediger und geistliche Vagabunden ohne festen Wohnsitz.

*Rivotorto* versank bald nach dem Tod von Franziskus fast in der Bedeutungslosigkeit, wobei es als franziskanischer Ursprungsort der *Portiuncula* in nichts nachsteht. Erst in der Neuzeit wird er als solcher wiederendeckt und wertgeschätzt werden.

Zwischen 1860 und 1880 wurde die heutige neugotische Kirche gebaut, nachdem der Vorgängerbau bei einem Erdbeben zerstört wurde. Im Inneren befinden sich die rekonstruierten Hütten der ersten Brüder.

**Impuls**

*Dieser Ort erinnert an die erste Zeit, an das Feuer, an die Begeisterung der ersten Brüder. Ein guter Ort, um auch dem eigenen Feuer, der eigenen Begeisterung nachzugehen.*

Wie steht es um meinen Glauben, meine Ideale, meine Vorstellungen, meine Beziehungen und mein Leben in Gemeinschaft? Gab es eine Zeit, in der ich geglaubt habe, dass die ganze Welt mir offensteht? Was ist jetzt damit? Brennt mein Feuer noch? Gibt es noch Glut? Oder hat die Zeit viel Asche über die Glut gelegt?

# Ein Ort der Begegnung

## *Magdalenenkapelle*

In der Ebene unterhalb der Stadt, etwa auf halbem Weg zwischen der Kirche von *Rivotorto* und dem Bahnhof von Assisi, liegt eine alte Kapelle. Sie ist der hl. Maria Magdalena (*Chiesa di Santa Maria Maddalena*) geweiht, wurde ursprünglich aber *San Lazzaro* genannt.

Der Ort wird heute kaum beachtet, wohl auch wegen seiner wenig attraktiven Lage, eingezwängt zwischen Ziegelsteinfabrik und Schnellstraße. Doch die Bedeutung des kleinen Kirchleins ist nicht zu unterschätzen. An dieser Stelle lag zur mittelalterlichen Zeit das Leprosorium. Es war ein abgeschlossener Bereich in der Art eines Hospizes, wohin die an Aussatz Erkrankten verbracht wurden, um dort das Ende ihres Lebens zu erwarten. Selbstverständlich wurde dieser Bereich von den gesunden Menschen ge-

An dieser Stelle lag zur Zeit des heiligen Franziskus das Leprosorium, eine Art Hospiz

mieden, um Ansteckung zu vermeiden. Franziskus ist die Gegend wohl gut bekannt, da seine Familie dort Ackerland besessen haben soll, was vielleicht auch zur Wahl der nahen Hütte von *Rivotorto* als erstem Lebensort der Brudergemeinschaft führt. Die Erfahrung, die Franziskus hier in der Begegnung mit den Aussätzigen macht, wird aus heutiger Sicht als der überhaupt erste Antrieb zu seinem persönlichen Umkehrweg gesehen.

Noch vor der spirituellen Erfahrung im Gebet, etwa im ebenfalls nicht weit entfernten Kirchlein von *San Damiano*, trifft ihn hier eine grundlegende existenzielle Erfahrung. Anders als gewohnt drängt es ihn eines Tages, auf einen Aussätzigen zuzugehen, ihn zu umarmen. Erstmals im Leben kann er ausbrechen aus seinem bisherigen Egoismus, seiner Selbstzentriertheit und sich den Armen zuwenden. Es wird nicht bei dieser einmaligen Begegnung bleiben. Franziskus wird noch an diesen Ort, den er zuvor gemieden hat, zurückgehen, um den Sterbenskranken zu helfen.

In seinem Testament am Lebensende erinnert er sich an erster Stelle an dieses Ereignis bei den Aussätzigen, das für ihn die persönliche Wende bedeutet: „Der Herr selbst hat mich unter sie geführt und ich habe ihnen Barmherzigkeit erwiesen" (Test 2). Erst jetzt, durch diese einschneidende Erfahrung, stellt er auch immer mehr die Frage nach Gott. Und dieser, der ihn im Kreuzbild von *San Damiano* als selbst Verwundeter anblicken wird, wird den nächsten entscheidenden Schritt in seinem Leben bewirken. Den nächsten Schritt in seiner Berufung, in seinem Leben nach dem Evangelium und vor allem in der Nachfolge in Kreuz und Auferstehung.

**Impuls**

*Der Ort stellt die Frage, wie ich meine Mitmenschen sehe. Vielleicht stellt er auch die Fragen:*

Wann habe ich zum letzten Mal jemanden umarmt, wer war das und wie ging es mir damit?

Wie gehe ich mit dem Leiden anderer um?

# Ein Ort der Stille

## *Carceri*

Oberhalb des Stadttores *Porta Cappuccini* bei der *Rocca Minore* führt ein beschilderter Weg zu den *Carceri* (Kerker). Immer bergauf geht es ca. vier Kilometer weit den schönen, aber beschwerlichen Weg über Geröllwege durch den Wald hinauf, wo sich die Einsiedelei verbirgt.

Wir wissen nicht, ob Franziskus mit seinen Brüdern je hier war, aber wir wissen, dass er sich mit ihnen immer wieder zurückgezogen hat. Auch in diese Gegend. Anfang des 15. Jahrhunderts erhält das Kloster unter Bernhardin von Siena seine heutige Form.

Rechter Hand durch den Torbogen befindet sich eine moderne Kapelle. Linker Hand wohnen die Brüder. Der Weg durch die Einsiedelei führt weiter in eine kleine Kapelle, die Bernhardin von Siena erbauen ließ. Durch eine Tür gelangt man in die Marienkapelle.

Im hinteren Teil findet sich eine schöne kleine parkähnliche Anlage mit Abgängen zu den Felsvorsprüngen und Grotten, die zur Stille und zum Verweilen einladen. In Wirklichkeit waren die Grot-

Die Einsiedelei ist ein Ort der Stille und der Einkehr

ten nicht namentlich diesem oder jenem Bruder zugeordnet. Wer hier herauf in die Einsamkeit ging, ging dorthin, wo Platz war.

Man betritt die *Carceri* durch einen Torbogen und betritt gleichsam einen Ort der Stille und des Friedens. Hier oben haben Sie eine herrliche Sicht in eine tiefe Waldschlucht und auf die Wälder des *Monte Subasio*, den man von hier aus in ca. 2 Stunden (ca. 600 Höhenmeter) besteigen kann.

**Impuls**

*Die Carceri haben nichts Spektakuläres an sich. Es ist ein Ort, Frieden zu suchen und zu finden.*
*Er lädt Sie in Stille dazu ein, sich der Frage zu stellen:*
Wie steht es um meinen äußeren und inneren Frieden?

## Gedanken zum „Fangenspielen“ mit dem Frieden

(Entstanden Frühjahr 2022 auf den *Carceri*)

Wenn wir früher „Fangen" gespielt haben, gab es einen Ort der Sicherheit. Eine bestimmte Wand, ein Türeingang oder eine Ecke. Bei uns hieß dieser Ort dann „Bodde". (Keine Ahnung, wie man das woanders oder auf Hochdeutsch nennt.) Egal, wie er heißt. Dieser Ort war wichtig.
Ich glaube, heute hat mich so ein „sicherer" Ort gefangen genommen. Ein Ort, wo einen nichts außer Stille, Sonnenstrahlen und Vogelgezwitscher gefangen nehmen kann. Der so klein ist, dass er keinen Raum für Unfrieden lässt und der mich einfach und selbstverständlich mit offenen Armen empfangen hat wie der barmherzige Vater den verlorenen Sohn (oder die verlorene Tochter, denn ich glaube, auch die können genauso verloren gehen).

Wie würde sich eine Welt anfühlen, in der es mehr solcher Orte gäbe? In der mehr Friedens- als Kriegsgebiete ausgerufen würden? An denen mehr Frieden geboten (gebodden)
als Kriege (an)gefangen würden?

# Ein Ort der Menschwerdung

## *Greccio*

*Greccio* ist eine franziskanische Einsiedelei im Rietital, eingebettet in die grünbewachsene Felsformation dort, ca. 90 Kilometer südlich von Assisi. Zu Zeiten von Franziskus bestand die Einsiedelei nicht aus befestigten Häusern, sondern nur aus einer Reihe von Felsgrotten. Sein Lieblingsort dort soll ein geschützter Felsvorsprung hinter der aktuellen Kirche gewesen sein. Der Ausblick von hier reicht über die Grotten bis weit über das Rietital.

Es sind uns zwar einige Schriften von Franziskus erhalten geblieben, aber seine krakelige Handschrift alleine erzählt schon, dass er kein Mensch des Schreibtischs war. Er war ein Mensch des gesprochenen Wortes, aber auch des Hörens und Wahrnehmens, aber vor allem ein Mensch, der Dinge anschaulich machen konnte, und das zeigt sich hier in *Greccio* auf besondere Weise.

Die Kapelle in *Greccio*

Wir haben bereits vom Dreiklang Menschwerdung – Passion – Eucharistie im Leben und in der Spiritualität von Franziskus gehört (S. 74). *Greccio* wird vor allem mit dem Anklingen des ersten, der Menschenwerdung, der Geburt Jesu, in Verbindung gebracht. Deswegen ist in der Marienkapelle dort nicht nur Maria stillend mit dem Kind dargestellt, sondern natürlich auch das Kind in der Krippe und Franziskus, wie er es anbetet. Aber wenn man das damalige Geschehen genau betrachtet, gab es gar keine Maria und nicht einmal ein Kind in der Krippe.

Aber eines nach dem anderen: Drei Jahre vor seinem Tod organisiert und inszeniert Franziskus hier in *Greccio* auf ganz eigene Weise das Weihnachtsfest. Er möchte an diesem Heiligen Abend das Geheimnis der Menschwerdung Gottes ins Bewusstsein bringen und es vor allem den Armen, den einfachen und gewöhnlichen Menschen der dortigen Gegend mitten in deren Leben aufstrahlen lassen.

Er liest das Weihnachtsevangelium, nimmt eine Krippe und legt Stroh in diese, aber es wird kein Kind hineingelegt, sondern es wird ein Gottesdienst, eine Messe über der Krippe gefeiert. Gott zeigt sich im Kleinen, im Brot. Es ist also die Verbindung von Menschwerdung und Eucharistie, dem Kind in der Krippe und dem Brot darüber auf dem Altar, durch die Franziskus selber den Zugang zu Gott findet und zu dem, was er den Menschen verkünden und neu schenken möchte.

Die Feier von *Greccio* war kein Krippenspiel, wie wir es heute kennen; solche szenischen Aufführungen gab es damals auch schon und genauso gab es auch schon bildhafte Darstellungen der Geburt Christi als Vorboten der künftigen Krippentraditionen. Aber dies alles gab es nur im direkten kirchlichen Umfeld, d. h. in Kathedralen und Stiftskirchen.

Franziskus bringt die Krippe nun aber in den Alltag der damaligen Menschen. Das arme Kind kommt zu den Armen, die dort in *Greccio* sind wie die Hirten damals in Betlehem. Es gibt weder Maria noch Josef, sondern einfach das Dasein Gottes im Wort, in einer leeren Krippe und in einem Stück Brot.

Diese Geschichte, diese Begebenheit hat seitdem viele Menschen inspiriert. Auch wenn es kein klassisches Krippenspiel in unserem Sinne war und auch wenn es nicht das erste war, war es ein neuer Zugang, ein neuer Ort, eine Neuinszenierung. Das erste Spiel mit der Krippe mitten unter den Menschen, wo es vielleicht auch von Anfang an hingehörte.

**Impuls**

*Auch die Theologin und Poetin Christina Bruderek hat sich von dieser Geschichte inspirieren lassen und hat Worte und Bilder dafür gefunden, die die Geschehnisse von Greccio und das Geheimnis der Menschwerdung auf ganz eigene Weise heute lebendig machen und Franziskusnähe und Gottesnähe im Wort und in der Krippe mitten unter uns aufscheinen lassen.*

## Das allererste Krippenspiel

Das wohl ursprünglichste Krippenspiel überhaupt
wurde uraufgeführt am Weihnachtsfest 1223.
Franz von Assisi hat es inszeniert.
Ein Meister der religiösen Performance.

1223 war Franz schon schwer krank, fast blind.
Und sehnte sich danach,
Weihnachten *erfahrbar* zu machen.
Er wollte diese alte Geschichte erleben.
Die Hoffnung * inszenieren!

Typisch für Franz wollte er *draußen* feiern.
In der Natur.
Er lebte damals in Greccio in den Sabiner Bergen.
Franziskus lud alle Menschen aus dem Dorf ein,
am Heiligabend um Mitternacht
zu einem Feld zu kommen,
außerhalb, bei den Herden,
bei einer kleinen offenen Höhle;
direkt in den Felsen gehauen.

Und sie kamen.
Mit Fackeln und Kerzen. Erwartungsvoll.
Ein ganzes Dorf.

In der offenen Höhle
hatte Franziskus nur eine Krippe aufgestellt.
Und natürlich – waren Tiere da.
Jede Menge Schafe. Dazu Ochse und Esel.
(*Seitdem* nicht mehr wegzudenken!
aus Liedern, Bildern, Weihnachtskrippen.)
Franz las die Weihnachtsgeschichte vor.

*Es begab sich aber …*
*Kaiser Augustus, Befehl, Volkszählung, Quirinius.*
*Auch Josef, seine Heimatstadt Betlehem,*
*Stadt Davids.*
*Mit Maria, Verlobte, schwanger.*
*Und sie gebar ihren ersten Sohn.*
*Futterkrippe. Keine andere Unterkunft.*
*Auch Hirten. Ihre Herde in der Nacht.*
*Ein Engel.*
*Fürchtet euch nicht, große Freude,*
*Retter geboren.*
*Habt zum Zeichen:*
*Neugeborenes, Windeln, Krippe.*
*Himmlischer Chor.*
*Ehre sei Gott, Friede auf Erden.*
*Kommt, wir gehen. Sie eilten.*
*Und sie fanden Maria und Josef.*
*Und das Kleine, das in einer Futterkrippe lag.*

(Die komplette schöne Version lesen wir dann am Heiligabend. ;-)

Franz las diese uralte Erzählung.

Und dann … ging als Erste …
eine junge Mutter zur Krippe und spielte die Maria.
Und ein Vater wählte als seine Rolle den Josef.
Und noch einer, der gerne Vater werden wollte, ging auch.
Und viele spielten Hirten.
Nein, *sie mussten sie ja gar nicht spielen.*
Sie *waren* Hirtinnen und Hirten.
Alle rückten näher.
Und wurden in diesem Moment Teil der Geschichte.

Franziskus sah erst zu und dann –
kniete er sich vor die Krippe,
betete und musste plötzlich weinen.
Er hatte alles inszeniert, geplant.
Und war jetzt überwältigt, auch er, mitten drin.
Heute steht hier an dieser Stelle in Greccio ein Kloster.
Mit Wallfahrtskirche.
Die Höhle heißt „Marienhöhle".
Und Greccio wird „Franziskanisches Betlehem" genannt.

Alles verbunden mit dem Wunsch von Franz:
Dass auch wir die Weihnachtsgeschichte erleben.
Teil davon werden. Und sie wahr wird mit uns.

## Ein Ort der Passion

### *La Verna*

*La Verna*. Ein Berg knapp 50 Kilometer nördlich von *Arezzo* und somit rund 120 Kilometer von Assisi entfernt (mit öffentlichen Verkehrsmitteln nur umständlich erreichbar).

Es ist ein Ort, der gleichermaßen unwirtlich von dicken Nebelschwaden umhüllt sein kann, feucht und ungemütlich, aber auch sonnenbeschienen, mit Aussicht und wundervollem Abendlicht. Ein Ort, der Bewegung, Herausforderung und Wagnis quasi schon in sich trägt. Heute sehen wir hier eine große, festgebaute Anlage. Im Laufe des Lebens von Franziskus werden hier nur ein paar einfache Hütten entstehen und die Kapelle *Santa Maria degli Angeli*.

Wenn man heute auf dem Parkplatz unten ankommt, führt der Weg erst einmal vorbei an einem großen Pilgerspeisesaal, einer Begegnungsstätte für junge Menschen, weiter vorbei an einem Haus zum Gebet und einem Andenken- und Buchladen, hin zur

Immer wieder zog sich Franziskus nach *La Verna* zurück

Basilika des heiligen Franziskus (auch *Chiesa Maggiore* genannt). Diese Kirche wurde von 1348 bis 1509 hier erbaut und 1921 zur Basilika erhoben. Besonders und auffallend sind an diesem Ort die fünfzehn glasierten Terracotta-Tafeln der florentinischen Künstlerfamilie della Robbia (u. a. die Verkündigung, die Geburt und die Himmelfahrt Christi von Andrea della Robbia aus der zweiten Hälfte des 15. Jahrhunderts, die Sie in den Seitenkapellen der Kirche finden).

Wenn man an der Basilika vorbeigeht und sie links liegen lässt, gelangt man durch ein Tor auf einen großen Platz. Auf der gegenüberliegenden Seite des Platzes weist Sie ein Schild zum *Sasso Spicco*. Eine Treppe führt zum großen überhängenden Felsen, wo Franziskus gerne gebetet haben soll.

Dieser Ort ist schon früh mit der jungen Gemeinschaft um Franziskus verbunden, denn Graf Orlando von Chiusi schenkt 1213 den Berg, der unweit seiner Stammburg liegt, Franziskus. Hierher zieht er sich immer wieder zurück. Manchmal auch ganz allein für bis zu 40 Tage.

Es ist kaum vorstellbar, wie es dem Anfang vierzigjährigen, physisch kranken und psychisch schwer angeschlagenen Franziskus geht, als er sich im Spätsommer/Herbst 1224 die Trampelpfade hier hinaufschleppt.

Was dort geschehen ist, was ihm widerfahren ist, darüber wird er bis zu seinem Tod schweigen. Sein Leben lang ist er Christus nachgefolgt. Auf diesem Berg hat ihn seine innere Beziehung zu ihm fürs Leben gezeichnet. Es ist sozusagen das Gegenstück zu *Greccio*, zur Menschwerdung.

Franziskus hadert in dieser Zeit mit sich und seinem Orden, mit seiner Rolle und wie sich alles entwickelt. Er fühlt sich fremd in der eigenen Gemeinschaft und an den Rand gedrängt. Heute würde man sicherlich bei seiner damaligen psychischen Verfassung von einer Art Depression sprechen. Er erlebt seine ganz persönliche Passion. Ist wieder einmal ein Suchender, ein Angewiesener, ein Verlorener. Und genau hier kommt ihm Gott wieder einmal entgegen und nahe. Der Gekreuzigte, der ihn in *San Damiano* so „angesprochen" hat, zeigt sich ihm auf neue Weise. Egal, was war und wie es war, er wird die sichtbaren Spuren dieses Erlebnisses, die Wundmale Jesu an seinem Körper, sein restliches Leben verbergen.

Vieles an diesem Ort erzählt neben Franziskus vom Leiden, Kreuz und Tod Jesu. Wenn *Greccio* dazu einlädt, sich der Menschwerdung und Weihnachten zuzuwenden, dann lädt *La Verna* dazu sein, sich mit der Passion und vor allem dem Karfreitag zu beschäftigen.

**Impuls**

*Nehmen Sie sich Zeit für diesen Ort, erkunden Sie, was er von Franziskus und Christus erzählt, aber auch, wo er Blicke in die Weite gleichermaßen schenkt wie Geborgenheit und Kontemplation.*

*La Verna ist ein guter Ort, um für sich die Passion (Joh 18,1–19,42 oder Mt 26,14–27,66 oder Mk 14,10–15,47 oder Lk 22,1–23,56) zu lesen und vielleicht später mit jemandem über die eigenen Verwundungen und inneren Bewegungen zu reden.*

Auf dem Weg zur *Rocca*

# 7. Rückblick und Ausblick von der Rocca Maggiore

Wir haben unsere Reise oben auf der *Rocca* begonnen und möchten dort auch vor der Fahrt zurück enden.

Machen Sie sich nochmals auf den Weg nach oben, um einen Überblick über die Stadt und über Ihre vergangenen Tage zu bekommen.

Gehen Sie, wenn möglich, in Stille hinauf.

Denken Sie auf dem Weg an das, was Ihnen noch besonders im Gedächtnis und im Herzen ist, wenn Sie an die vergangenen Tage denken. Welches sind die ersten Orte, Begegnungen und Gefühle, die Ihnen dabei kommen?

Wenn Sie oben sind: Blicken Sie erneut über die Stadt. Hier, wo Franziskus und Klara geboren wurden, wo sie Gott und den Menschen begegnet sind, ihre Entscheidungen getroffen haben und ihr Leben lang darum gerungen haben, auf ihre Weise das Evangelium zu leben.

Links unten die Bischofskirche *San Rufino* in der Oberstadt, rechts davon *Santa Chiara* mit dem Kreuz von *San Damiano* und dem Grab Klaras, irgendwo dazwischen die *Chiesa Nuova* unweit vom Geburtsort von Franziskus und weiter rechts die Stadt entlang steht *Santa Maria Maggiore* mit dem bischöflichen Palais, der Ort von Franziskus' öffentlicher Entscheidung und Klaras Flucht. Erinnern Sie sich an die Gassen und Straßen, die Sie in diesen Tagen begangen haben? Und weit rechts am anderen Stadtende, wahrscheinlich gerade nicht zu sehen, wissen Sie um *San Francesco*, um die wunderbaren Fresken, die wir betrachtet haben, und das Grab von Franziskus dort.

Erinnern Sie sich an den Weg von *Santa Chiara* aus hinunter nach *San Damiano* zu diesem Ort, der auf so besondere Weise Franziskus angesprochen und Klara Heimat für ihr Leben, Ringen und Sterben geboten hat? Vielleicht waren Sie auch in *San Masseo* ein Stück ins Tal hinunter? Sie können sich auch ein wenig nach links drehen und an der Stadt vorbei den *Monte Subasio* hinaufblicken. Vielleicht waren Sie oben in den *Carceri* und haben Stille und Frieden gesucht und gefunden?

Und natürlich der Blick ins Tal linker Hand gen *Rivotorto*, wo so vieles im Eifer der ersten Brüder begann, und rechter Hand die *Portiuncula*, auch ein Ort des Anfangs für Klara und Franziskus, Versammlungsort und Ort des Sterbens für Franziskus. Vielleicht waren Sie aber auch noch weiter unterwegs. Weiter als der Blick jetzt reichen kann. Vielleicht in *Greccio* oder *La Verna*?

Nehmen Sie sich in Ruhe Zeit für die Betrachtung der vergangenen Tage. Blicken Sie gegenwärtig über Assisi und blicken Sie innerlich auf die Zeit hier, auf Erfahrungen, Begegnungen, Worte, die Sie gehört haben, Orte, die Sie betreten haben, und Bilder, die Sie gesehen haben. Nicht zu vergessen die Gebetszeiten, die Wege, die Menschen, die mit Ihnen unterwegs waren oder die Ihnen begegnet sind, die mit Ihnen am Tisch gesessen sind und Gottesdienst gefeiert haben. Denken Sie auch an den Geruch und den Geschmack der vergangenen Tage. Vielleicht auch an *Caffè* und *Gelato*. Alles gehört zu Ihren Erinnerungen und Erfahrungen. Überall sind Sie sich, anderen Menschen und Gott begegnet.

**Impuls**

*Orte, Worte und Begegnungen haben vieles im Leben von Klara und Franziskus verändert.*

Welcher Ort hat mich am meisten beeindruckt? Welches Bild, welche Situation hat Spuren in mir hinterlassen? Welches Wort, welcher Gedanke inspiriert mich? Für welches Gespräch/welche Begegnung bin ich besonders dankbar?

Ort: . . . . . . . . . . . . . . . . . . . . . . . . . . . . . . .

Bild: . . . . . . . . . . . . . . . . . . . . . . . . . . . . . . .

Gedanke: . . . . . . . . . . . . . . . . . . . . . . . . . . .

Begegnung: . . . . . . . . . . . . . . . . . . . . . . . . .

Dann wird es Zeit, sich langsam von Assisi, von Franziskus und Klara zu verabschieden.

# Epilog

## Rückkehr und Heimweg

Wir hoffen, dass unsere Gedanken, Erklärungen und Methoden Ihnen geholfen haben, Franziskus und Klara zu begegnen. Wir hoffen, dass Sie gute und erfüllte Tage in Assisi hatten und nun angefüllt mit Eindrücken, Geschichten und Bildern nachhause fahren.

Zum Schluss noch zwei Hinweise:

1. Nehmen Sie sich ausgiebig Zeit und Ruhe für einen Rückblick auf die vergangenen Tage. Sie können auf dem Nachhauseweg, z. B. im Zug oder im Auto, nochmals in Ruhe dieses Buch durchblättern. Die Bilder und Orte betrachten, die Sie gesehen haben, auch die Notizen, die Sie für sich gemacht haben, noch einmal durchlesen. Noch besser: reflektieren. Lesen, beten Sie zuhause nochmals über Ihre Erfahrungen dieser Tage.

2. Reden Sie mit jemandem über das, was Sie erfahren haben, was Sie an Klara und Franziskus inspiriert hat, und darüber, wie sich vielleicht Gott in Ihrem Leben gezeigt hat. Suchen Sie sich bitte eine Person, mit der Sie offen über das alles reden können. Oft vergessen wir all das Gute oder es wird vom Alltag zu schnell aufgefressen. Erzählen ist erinnern und teilen ist bewahren.

Vielleicht werden Sie irgendwann einmal wieder nach Assisi zurückkommen. Wer weiß, vielleicht schon bald.

Wir wünschen Ihnen Gottes segnendes Mitgehen auf all Ihren Wegen und ein wenig Erinnerung an Franziskus und Klara im Herzen.

*Pace e Bene*

Br. Thomas Freidel OFM Conv. und Wolfgang Metz

# PLATZ FÜR NOTIZEN

## PLATZ FÜR NOTIZEN

# Nützliches

## UNTERKUNFT

### Kirchliche Gästehäuser

- Deutsches Klarissen-Kapuzinerinnenkloster Santa Croce
  Via Santa Croce, 4, 06081 Assisi (PG)
  www.santacroceassisi.com
- Casa Papa Giovanni (Gästehaus der Diözese Assisi)
  Via San Paolo, 32, 06081 Assisi (PG)
  www.diocesiassisi.it/casa-papa-giovanni-xxiii
- Muro Rupto (von Schwestern geführtes Gästehaus)
  Via Metastasio, 18, 06081 Assisi (PG)
  E-mail: accoglienzamurorupto@angeline.it
  www.angeline.it/case-di-accoglienza/case-di-accoglienza/assisi/

### Hotels

- Hotel San Giacomo
  Via S. Giacomo, 6, 06081 Assisi (PG)
  www.hotelsangiacomoassisi.it
- Hotel Il Castello
  Viale Guglielmo Marconi, 1, 06081 Assisi (PG)
  www.hotelcastelloassisi.it
- Hotel La Rocca
  Via Porta Perlici, 27, 06081 Assisi (PG)
  www.hotelarocca.it

### Für Pilger auf dem Franziskusweg

- Hospitale „Laudato si"
  Via Egidio Albornoz, 06081 Assisi (PG)
  Info@hospitalelaudatosi.it
  (Beim Friedhof nahe der Porta San Giacomo)

## TOURENVORSCHLÄGE

### Franziskus in zwei Tagen

<u>Tag 1: Morgens:</u> Chiesa Nuova (Herkunft und Prägung, S. 25) und anschl. 5 Min. zu Fuß zur Piazza del Comune (Ritter werden: Traum und Realität, S. 28)
<u>Nachmittags:</u> San Rufino, Santa Chiara (Auf Augenhöhe mit Gott, S. 46) – 15 Min. zu Fuß nach San Damiano (vgl. S. 113) – 20 Min. zu Fuß zur Piazza del Vescovado (Alte Ketten oder neue Freiheit: Die Entscheidung, S. 57)
<u>Tag 2: Morgens:</u> San Francesco/Unterkirche (Kein zweites Hemd und keine Schuhe, S. 62) – San Francesco/Oberkirche (Nachfolge: Eine kleine Gemeinschaft entsteht, S. 69)

Nachmittags: 45 Min. zu Fuß oder 35 Min. mit dem Bus vom Zentrum zur Portiuncula (Letzte Jahre: Sonnengesang und Sterben, S. 84) – 45 Min. zu Fuß oder 35 Min. mit dem Bus nach San Francesco/Krypta (Grablegung und Verehrung, S. 90)

## Franziskus in vier Tagen

Tag 1: Morgens: 20–30 Min. zu Fuß vom Zentrum auf die Rocca Maggiore (Ausblick und Weitblick, S. 18) – 20 Min. zu Fuß zur Chiesa Nuova (Herkunft und Prägung, S. 25)
Nachmittags: Piazza del Comune (Ritter werden: Traum und Realität, S. 28) – anschl. 5 Min. zu Fuß nach San Rufino, Santa Chiara (Auf Augenhöhe mit Gott, S. 46) – 15 Min. zu Fuß nach San Damiano (vgl. S. 113)
Tag 2: Morgens: Piazza del Vescovado (Alte Ketten oder neue Freiheit: Die Entscheidung, S. 57) – 10–15 Min. zu Fuß nach San Francesco/Unterkirche (Kein zweites Hemd und keine Schuhe, S. 62)
Nachmittags: San Francesco/Oberkirche (Nachfolge: eine kleine Gemeinschaft entsteht, S. 69) – San Francesco/Unterkirche (Franziskanisch geprägtes Christsein, S. 146, evtl. noch Franziskus von Ciambue, S. 145)
Tag 3: Morgens: Caceri (S. 161) oder Rivotorto (S. 157) – evtl. Nachmittags noch San Francesco/Unterkirche (Geistliches Fundament, S. 74)
Tag 4: Morgens: 45 Min. zu Fuß oder 35 Min. vom Zentrum mit dem Bus zur Portiuncula (Letzte Jahre: Sonnengesang und Sterben, S. 84)
Nachmittags: San Francesco/Krypta (Grablegung und Verehrung, S. 90) – 30 Min. zu Fuß zur Rocca Maggiore (Rückblick und Ausblick, S. 171)

## Klara in zwei Tagen

Tag 1: Morgens: Piazza di San Rufino (Aufwachsen und Schutz und Enge, S. 97) und anschl. 10 Min. zu Fuß zum Stadttor Porta Moiano (Flucht und Hilfe, S. 100)
Nachmittags: 45 Min. zu Fuß oder 35 Min. mit dem Bus vom Zentrum zur Portiuncula (Einfaches Kleid und kurzes Haar: Ungewissheit und Freiheit, S. 103)
Tag 2: Morgens: San Damiano (Neue Heimat: San Damiano, S. 111, Das Privileg der Armut, S. 117, Letzte Jahre: Regelbestätigung und Sterben, S. 128)
Nachmittags: Santa Chiara (Grablegung und Verehrung, S. 130) – 10 Min. zu Fuß zu San Francesco/Unterkirche (Seitenkapelle Maria Magdalena, S. 149)

## Klara in drei Tagen

Tag 1: Morgens: Piazza di San Rufino (Aufwachsen und Schutz und Enge, S. 97) und anschl. 10 Min. zu Fuß zum Stadttor Porta Moiano (Flucht und Hilfe, S. 100)
Nachmittags: 45 Min. zu Fuß oder 15 Min. mit dem Bus zur Portiuncula (Einfaches Kleid und kurzes Haar, S. 103) – 45 Min. zu Fuß oder insgesamt 30 Min. mit der Bahn (nach Bastia Umbra) und den Rest zu Fuß nach San Paolo delle Abadesse (Zuflucht und Abgeschiedenheit, S. 108) zurück ins Zentrum etwa 75 Min. Fußweg oder 45 Min. mit Bahn und Bus
Tag 2: Morgens: San Damiano (Neue Heimat: San Damiano, S. 111, Das Privileg der Armut, S. 117, und evtl. Das Leben im Spiegel, S. 125)

Nachmittags: San Francesco/Oberkirche (Abschied von Franziskus, S. 121)
Tag 3: Morgens: San Damiano (Letzte Jahre: Regelbestätigung und Sterben, S. 128) – San Francesco/Unterkirche (Franziskanisch geprägtes Christsein, S. 146)
Nachmittags: Santa Chiara (Grablegung und Verehrung, S. 130) – 30 Min. zu Fuß zur Rocca Maggiore (Rückblick und Ausblick, S. 171)

### Franziskus und Klara in 4 Tagen

Tag 1: Morgens: 20 Min. zu Fuß zur Chiesa Nuova (Herkunft und Prägung, S. 25) und anschl. 5 Min. zu Fuß zur Piazza del Comune (Ritter werden: Traum und Realität, S. 28)
Nachmittags: San Rufino, Santa Chiara (Auf Augenhöhe mit Gott, S. 46) – 5 Min. zu Fuß zur Piazza del Vescovado (Alte Ketten oder neue Freiheit: Die Entscheidung, S. 57)
Tag 2: Morgens: Piazza di San Rufino (Aufwachsen und Schutz und Enge, S. 97) anschl. 10–15 Min. zu Fuß nach San Francesco/Unterkirche (Kein zweites Hemd und keine Schuhe, S. 62) – San Francesco/Oberkirche (Nachfolge: eine kleine Gemeinschaft entsteht, S. 69)
Nachmittags: Stadttor Porta Moiano (Flucht und Hilfe, S. 100) – 45 Min. zu Fuß oder 15 Min. mit dem Bus zur Portiuncula (Einfaches Kleid und kurzes Haar, S. 103)
Tag 3: Morgens: San Damiano (Neue Heimat: San Damiano, S. 111, Letzte Jahre: Regelbestätigung und Tod, S. 128)
Nachmittags: Caceri (S. 161) oder San Masseo (S. 139) und San Francesco/ Unterkirche (Franziskanisch geprägtes Christsein, S. 146)
Tag 4: Morgens: Portiuncula (Letzte Jahre: Sonnengesang und Sterben, S. 84) – wer nicht nochmals dorthin möchte, kann alternativ dieses Kapitel mit Einfach raus: Olivenhaine, Waldwege … (S. 144) verbinden – anschl. San Francesco/Unterkirche (Judas, Franziskus und Schwester Tod, S. 152)
Nachmittags: San Francesco/Krypta (Grablegung und Verehrung, S. 90) – Santa Chiara (Grablegung und Verehrung, S. 130)

## ORTE UND KIRCHEN

## Öffnungszeiten und Kontakt

#### ASSISI

#### Basilika San Francesco

Piazza Inferiore di S. Francesco, 2, 06081 Assisi (PG)
Öffnungszeiten: Mo–So: 6 bis 19 Uhr
www.sanfrancescoassisi.org
Führungen in deutscher Sprache: Br. Thomas Freidel OFM Conv., Tel: +39 075 81 900 29; E-mail: assisi@franziskaner-minoriten.de, franziskaner.net/pilgerseelsorge-assisi

**Museum der Basilika San Francesco**
Öffnungszeiten Museum: Di–Sa 10–17 Uhr, So 11–17 Uhr, Montag geschlossen

**Santa Maria degli Angeli/Portiuncula**
Piazza Porziuncola, 1, 06081 Santa Maria degli Angeli (PG)
Öffnungszeiten: Mo–Sa: 6.15 bis 12.30 Uhr und 14.30 bis 19.30 Uhr;
So: 6.45 bis 12.30 Uhr und 14.30 bis 19.30 Uhr
www.porziuncola.org

**San Damiano**
Via San Damiano, 85, 06081 Assisi (PG)
Öffnungszeiten: Mo–So: 10 bis 12 Uhr und 14 bis 18 Uhr
www.assisiofm.it/san-damiano-assisi-104-1.html

**Santa Chiara**
Piazza Santa Chiara, 1, 06081 Assisi (PG)
Öffnungszeiten: Mo–So: 6.30 bis 12 Uhr und 14 bis 18 Uhr
www.assisisantachiara.it

**Kathedrale San Rufino**
Piazza San Rufino, 3, 06081 Assisi (PG)
Öffnungszeiten: Mo–Fr: 10 bis 13 Uhr und 15 bis 18 Uhr; Sa: 10 bis 18 Uhr;
So: 11 bis 18 Uhr
www.assisimuseodiocesano.it

**Santa Maria Maggiore**
Piazza del Vescovado, 2A, 06081 Assisi (PG)
Öffnungszeiten: Mo–Fr: 8 bis 19 Uhr; Sa: 8 bis 22 Uhr; So: 8 bis 20 Uhr
www.assisisantuariospogliazione.it

**San Masseo**
Località Santa Maria Maggiore Campagna, 14, 06081 Assisi (PG)
Besichtigung auf Anfrage
www.monasterodibose.it

**Sant'Angelo di Panzo**
Via San Rufino Campagna, 18, 06081 Assisi (PG)
Besichtigung auf Anfrage
panzoinassisi.it/dimorastorica

**San Giacomo de Muro Rupto**
Via Metastasio, 18/A, 06081 Assisi (PG)
Besichtigung auf Anfrage
www.angeline.it/case-di-accoglienza/case-di-accoglienza/assisi/

**Eremo delle Carceri**
Via Eremo delle Carceri, 38, 06081 Assisi (PG)
Öffnungszeiten: Mo–Sa: 6.30 bis 19 Uhr; So: 7.30 bis 19 Uhr; Schließzeit im
Winter: 18 Uhr
www.santuarioeremodellecarceri.org

### BASTIA

**San Paolo delle Abadesse**

Via Averardo Mantovani (beim Friedhof), 06083 Bastia (PG)
Öffnungszeiten: Mo–So: 8 bis 18 Uhr

### GRECCIO

**Santuario Francescano del Presepe di Greccio**

Piazzale San Francesco, 1, 02045 Greccio, (RI)
Öffnungszeiten: Mo–Fr: 8.30 bis 19 Uhr (im Winter 18 Uhr)
www.santuarivallesanta.com/santuari/greccio

### LA VERNA

**Santuario Francescano**

Via del Santuario della Verna, 45, 52010 Chiusi della Verna (AR)
Öffnungszeiten: Mo–So: 6.30 bis 21.30 Uhr
www.laverna.it

### RIVOTORTO

**Santuario del Sacro Tugurio di Rivotorto**

Via della Regola di S. Francesco, 2, 06081 Rivotorto (PG)
Öffnungszeiten: Mo–Sa: 6.45 bis 19.45 Uhr; So: 7 bis 19.45 Uhr
santuariorivotortoassisi.org

**Magdalenenkapelle/Chiesa di Santa Maria Maddalena**

SS75, 06081 Rivotorto (PG)
(ca. auf halbem Weg zwischen der Kirche von Rivotorto und dem Bahnhof von Assisi)

## LITERATUR


San Francesco in Assisi – Die Botschaft des Heiligen Franziskus in Bildern; Br. Thomas Freidel OFM Conv., Kunstverlag Josef Fink, 2021

Bruder Feuer und Schwester Licht – Franz und Klara von Assisi; Martina Kreidler-Kos und Niklaus Kuster, Patmos Verlag, 2021

Franziskus von Assisi: Geschichte und Erinnerung, Andre Vauchez, Aschendorff Verlag, 2019

Lebensmutig: Klara von Assisi und ihre Gefährtinnen (Franziskanische Akzente 5), Martina Kreidler-Kos, Echter Verlag, 2015

Franziskus-Quellen – Die Schriften des heiligen Franziskus, Lebensbeschreibungen, Chroniken und Zeugnisse, Dieter Berg und Leonhard Lehmann (Herausgeber), Butzon & Bercker, 2009

Klara-Quellen: Zeugnisse des 13. und 14. Jahrhunderts zur Franziskanischen Bewegung, Johannes OFM Schneider und Paul OFM Zahner (Herausgeber), Butzon & Bercker, 2013

## ABKÜRZUNGEN

| | |
|---|---|
| 4 Agn | Vierter Brief an Agnes von Prag |
| 1 Cel | Thomas von Celano, Erste Lebensbeschreibung oder Vita des hl. Franziskus |
| 2 Cel | Thomas von Celano, Zweite Lebensbeschreibung oder Memoriale |
| Gef | Die Drei-Gefährten-Legende |
| Jul | Julian von Speyer, Das Leben des hl. Franziskus |
| SP | Spiegel der Vollkommenheit |
| Sonn | Sonnengesang |
| Test | Das Testament |

## QUELLENNACHWEISE

Bilder:

Wolfgang Metz: 11, 19f, 26–29, 37f, 47–50, 64, 70f, 79–85, 96–101, 109–114, 116, 118, 125–131, 139–144, 151, 153, 161, 170 / Michael Metz: 16, 183 / Stefan Diller: 24, 33, 35, 43, 53f, 72, 75, 88, 104, 122, 147–149, 155, 157, 163 / Sacro Convento: 32, 159 / Franz Troyer: 57 / Tyrolia: 91, 115, 168 / Pixabay: 7 (Van Hong Phuc Bui), 9 (W. Paulaharju), 22, 182 (A. Ruhnau), 66 (ha11ok), 103 (M. Singh), 134 (S. Iervolino), 138 (J. Schersten)
Coverbild: JFL Photography, Autorenbild: Sacro Convento

Texte:

Alle Bibelverse entnommen aus: Einheitsübersetzung der Heiligen Schrift © 2016 Katholische Bibelanstalt GmbH, Stuttgart. Alle Rechte vorbehalten. S. 165–167: Christina Bruderek / S. 13, 15f, 31, 40, 56, 76–78, 124: Wolfgang Metz / S.12, 28f, 37f, 89f: aus: Dieter Berg, Leonhard Lehmann (Hg.), Franziskus-Quellen © 2009 Edition Coelde in der Butzon & Bercker GmbH, Kevelaer, www.bube.de / S. 126: aus: Johannes Schneider OFM, Paul Zahner OFM (Hg.), Klara-Quellen © 2013 Edition Coelde in der Butzon & Bercker GmbH, Kevelaer, www.bube.de

# Dank

1996 führte mich mein Weg zum ersten Mal nach Assisi. Ich hätte damals niemals gedacht, dass ich über die Jahre hinweg noch so oft dorthin zurückkehren darf und dass mich Franziskus und Klara so lange begleiten und nicht mehr loslassen werden.

Und nie wäre mir in den Sinn gekommen, dass ich irgendwann einmal darüber schreiben darf. Eine Aufgabe, eine Ehre, ein Wagnis und ein inspirierendes Abenteuer.

Ich danke vor allem Dir, Bruder Thomas, dass Du Dich auf diese Arbeit zusammen mit mir eingelassen hast. Niemals wäre das ohne Dich, Deinen franziskanischen Blick und Dein riesiges Wissen über *San Francesco* und die Fresken möglich gewesen. Danke.

Besonders danken möchte ich auch Dir, Helene Daxecker-Okon, für Dein umsichtiges Lektorat, Deine Geduld und Deine klugen Anmerkungen und Fragen. Generell auch ein Danke an den Tyrolia-Verlag für das Vertrauen in dieses Projekt.

Und zuletzt und vor allem danke ich Ihnen, den Lesern und Leserinnen, den Pilgern und Pilgerinnen sowie den Neugierigen: Ich hoffe, dieses Buch begleitet Sie immer wieder neu, um Franziskus und Klara, dem Evangelium und sich selbst auf der Spur zu sein.

Inspiration, Segen und Gottesnähe Euch und Ihnen allen!

Wolfgang Metz

Die große Vielfalt der Menschen, die nach Assisi kommen, versetzt uns Brüder immer wieder in Staunen. Nicht nur die große Zahl an verschiedenen Ländern und Kontinenten erstaunt, auch die Präsenz der unterschiedlichen Altersgruppen, ihre religiöse Orientierung und ihre Motivation, diesen Ort zu besuchen, ist bemerkenswert. So ist es wichtig, dass es für die Besucher und Pilger ein möglichst vielfältiges Angebot gibt, das ihnen hilft, die franziskanische Botschaft Assisis für sich selbst zu erschließen. Auffällig ist in jüngerer Zeit die Zunahme an Einzelpersonen oder Kleingruppen, die bewusst mehrere Tage in Assisi verbringen, spirituelle Vertiefung suchen und häufig nicht in Begleitung eines Ortskundigen sind.

Ich bin Dir, Wolfgang, dankbar für Deine Idee und Dein Engagement, einen Wegbegleiter zu schreiben, der gerade für diese Menschen ein Leitfaden sein kann, geistliche Wege in der Stadt von Franziskus und Klara zu gehen – Wege, die dann vielleicht auch im Alltag nachwirken und Frucht bringen.

Assisi ist für viele Menschen eine Art „geistliche Heimat" und vielleicht kann dieses Buch dazu beitragen, dass noch viele weitere Suchende und Pilgernde hier Heimat finden.

Br. Thomas Freidel OFM Conv.

FSC
www.fsc.org
MIX
Papier | Fördert gute Waldnutzung
FSC® C106954

Nachhaltige Produktion ist uns ein Anliegen; wir möchten die Belastung unserer Mitwelt so gering wie möglich halten. Über unsere Druckereien garantieren wir ein hohes Maß an Umweltverträglichkeit: Wir lassen ausschließlich auf FSC®-Papieren aus verantwortungsvollen Quellen drucken, verwenden Farben auf Pflanzenölbasis und Klebestoffe ohne Lösungsmittel. Wir produzieren in Österreich und im nahen europäischen Ausland, auf Produktionen in Fernost verzichten wir ganz.

Mitglied der Verlagsgruppe „engagement"


Umschlaggestaltung: Tyrolia-Verlag, Innsbruck
Layout und digitale Gestaltung: Tyrolia-Verlag, Innsbruck
Druck und Bindung: Florjancic, Maribor
ISBN 978-3-7022-4132-2

E-Mail: buchverlag@tyrolia.at
Internet: www.tyrolia-verlag.at